やさしく学べる

簿記・経理

改訂版

公認会計士・税理士
瀬戸　裕司

税務経理協会

はしがき

実務セミナーの教壇に立って，10年近くの時が経過している。当初は，ビジネススクールといった立派な場所ではなく，地方の労働組合や，監査の関与先などがお客様であった。会計の楽しさを知っていただきたく，手弁当で馳せ参じたのも度々。謝礼は，打ち上げのお酒という具合だ。自分にとって，最初の演題が，「簿記・経理入門」であったこともあり，本書の内容は感慨深いものがある。

公認会計士の第三次試験に合格した日に，所属していた監査法人を退職して，独立開業。お客様のレベルアップのため，しばしば，本書の内容のレジュメで，セミナーを自主開催していた。私ども公認会計士，税理士の業界でも，記帳代行業務を中心とした会計業務から，コンサルティング（顧問）業務が中心になりつつある。このため，お客様（会社）の簿記・経理の基礎知識の充実と自計化が前提となるであろう。

98年4月からの企業会計では，連結会計・時価主義会計が順次，本格的に導入される。新聞報道によれば，近々，連結納税制度も導入されるらしい。いずれにせよ，簿記・経理の基本が身についていないと，経営ができない時代が到来したのだ。

今回，本書では，初めて簿記・経理を学ぶ方を対象に，なるべく平易にわかりやすく，記述を試みた。従来の既存の本では，帳簿組織，転記，精算表の作成など，まさに簿記の語源である帳簿記入が中心のものが多かった。学術的ではあるが，実務的でない嫌いがあると感じるのは，私だけであろうか？

そこで，本書は，基礎編では，簿記を初めて学ばれる方々を対象に，なるべく実務に必要最小限の知識を網羅的に，具体的に図解を用いて説明している。実践編では，基礎編でマスターした知識を基本に，実際に，会社設立から決算をむかえるまでをストーリー形式で，経理実務を記述している。おそらく，学生や社会人の新人の方々から，会社を設立した方々，会計事務所が記帳指導する場面にまでお役に立てるのではと自負している次第である。

なお，さらに日商簿記検定や会計士・税理士の受験に関心のある方々は，是非，当社で著述している「やさしく学べる」シリーズと，２，３級については CD-ROM を手にして欲しい。今後とも，経理，経営，税務に関する書籍を随時刊行していきたいと考えている。資料請求，ご関心のある方々は，次頁まで，ご連絡いただきたい。

最後に，本書の上梓に，ご協力ならびにご尽力いただいた税務経理協会社長，大坪嘉春氏，税経セミナー編集部，石田博文氏，会計士補，山口真導氏に心から感謝の念を示させていただきたい。

1999年5月吉日

（株）マネジメント・ソリューション
出版事業部
公認会計士・税理士　瀬戸　裕司

E-MAIL　solution@management.co.jp
HOMEPAGE　http：//www.management.co.jp

改訂版
発刊にあたって

皆様もご存知かと思いますが，2005年６月に商法会社法編，商法特例法，有限会社法を統一する新「会社法」が成立し，公布後の2006年５月より施行されております。

「会社法」では，これまで会社を設立する際，最初に出資する資本金の最低資本金額が決まっていましたが（株式会社1,000万円，有限会社300万円），最低資本金額の制限はなく，１円から会社を設立することが可能になりました。また，有限会社がなくなり，設立されるほとんどの会社は「株式会社」が中心となります。

「会社法」の影響で，表示・開示面の改正は多数行われましたが，経理実務を行う基本的な考え方等が変わったわけではありません。

したがいまして，本書の改訂に当たっては，表示・開示面で必要となる部分の改訂を行っておりますが，大幅な内容修正をしたわけではございません。

経理実務を行う際に最低限必要となる知識を身につけて頂き，簿記・経理の楽しさを感じながら本書を読んで頂ければ幸いです。

2009年5月吉日

（株）マネジメント・ソリューション
公認会計士・税理士　　瀬戸　裕司

本書の特徴

やさしく学べる「日商簿記」シリーズの姉妹書

・・・（株）税務経理協会から，弊社著作で出版させていただいている「やさしく学べる日商簿記」シリーズの姉妹本です。経理実務の入り口は日商簿記３級，２級であることは従来からいわれてきました。本書は，このうち３級のレベルに焦点を絞って実務に即役立つ知識を身につけていただくために執筆いたしました。もちろん「日商簿記３級」の学習が基礎となっていることはいうまでもありません。「やさしく学べる日商簿記，CD-ROM」シリーズも併用されることをお勧めいたします。

平易な記述と図解の多用

・・・簿記の知識がない方にとってもわかりやすいように，なるべく平易な文章で解説しております。また，イラストや図解を多用し，ビジュアル的にも理解しやすいように工夫をこらしています。

基礎編と実践編

・・・本書の構成は，基礎編と実践編に分けてあります。基礎編では，簿記３級の基本的な考え方と処理方法を，具体例を交えて解説しております。

実践編においては，基礎編で学習した内容について，会社設立から決算をむかえるまでをストーリー形式で具体的な事例をあげてその処理方法や考え方を示しております。ここで処理方法などに不明な点がある場合には，基礎編や３級のテキストに戻ってもう一度確認してみてください。

実務に役立つ「簿記・経理」

・・・本書は，これまで行ってきた「１日でわかる簿記経理の基礎実務」という講演の内容を要約したものであります。セミナーに参加された経理担当者などの声も反映し，簿記・経理の実務上のポイントを詰めこんだ中身の濃いものとなっております。

「豆知識」でさらに実務的

・・・実践編の随所に「豆知識」を挿入しております。ストーリーの中では直接出てこないが関連する論点，また少々細かいと思われる内容については，ここで解説してあります。

受験簿記の学習のみでは得られない，より実務的な内容を知ることができます。

やさしく学べる　簿記・経理

目　次

基　礎　編

実践編

第一章　会社の設立

第二章　営業開始　1ヶ月目

第三章　営業2ヶ月目

第四章　決算整理事項

基礎編

1. 簿記ってなに?

1 簿記とは企業のお小遣い帳を作るルールのこと

あなたは，モノを買ってお金を支払ったとき又はアルバイトをしてお金をもらったときなどに，お小遣い帳や家計簿などをつけたことはありませんか？

企業（会社やお店）もお小遣い帳や家計簿にあたるものを作ります。これが「**帳簿**」と呼ばれるものです。

ただ，お小遣い帳と異なるのは，「帳簿」は企業の経営者，従業員，銀行など多くの人達が見るということです。

これらの人達は，その企業がどのくらい財産をもっているのか，どのくらい儲けをあげているのかに関心があります。

ですから，「帳簿」は誰にでもわかるように一定のルールに従って書く必要があり，この一定のルールのことを「**簿記**」というのです。

簿記＝帳簿を作成する上での一定のルール

2 簿記の目的は，報告書（決算書）を作成すること

ただし，「帳簿」には企業で行われたすべての取引に係る日付，金額，内容などを記載することになるため，企業の経営者，銀行などに閲覧させるにあたっては，「帳簿」を整理し，「**報告書**」としてできるだけ見やすくまとめる必要があります。

この「報告書」を最終的に作成するために「簿記」が存在するの

です。「報告書」には，企業がどのくらい財産をもっているのかを示す「貸借対照表」と企業がどのくらい儲けをあげているのかを示す「損益計算書」の2つがあります。この2つの「報告書」が，いわゆる「**決算書**」と呼ばれるものです。

決算書

2. 決算書を見てみよう！

1 決算書には損益計算書と貸借対照表がある

決算書には，「**損益計算書**（P/L：Profit And Loss Statement)」と「**貸借対照表**（B/S：Balance Sheet)」の2つがあります。

「損益計算書」は，あなた個人の成績表に，「貸借対照表」は，あなた個人の健康診断書に喩えられます。

つまり，企業の経営者，従業員，銀行などは，「損益計算書」によって，一定期間の企業の**経営成績**（どのくらい儲けをあげているのか）を，また「貸借対照表」によって，一定時点の企業の**財政状態**（どのくらい財産をもっているのか）を知ることができ，その企業がどういう経営状況に直面しているのかを正確に認識することが可能になります。

そのためには，「簿記」の手続に従って，「帳簿」を作成することが必要でした。

2 決算書を作成するためには期間を区切る必要がある

損益計算書は，経営成績を，貸借対照表は，財政状態を示すということはわかりましたが，これらの「決算書」の作成にあたっては，期間を人為的に定める（区切る）必要があります。

企業がつぶれるのを待って「決算書」を作成しても，何の意味もないからです。

ここで，会社を設立してから倒産するまでの期間を人為的に区切った期間を特に「**会計期間**」と呼びます。

会計期間＝損益計算書・貸借対照表の作成の基礎となる期間

損益計算書は，会計期間（中）の儲け，貸借対照表は，会計期間（末）での財産状況と考えてみてください。

決算書

損益計算書

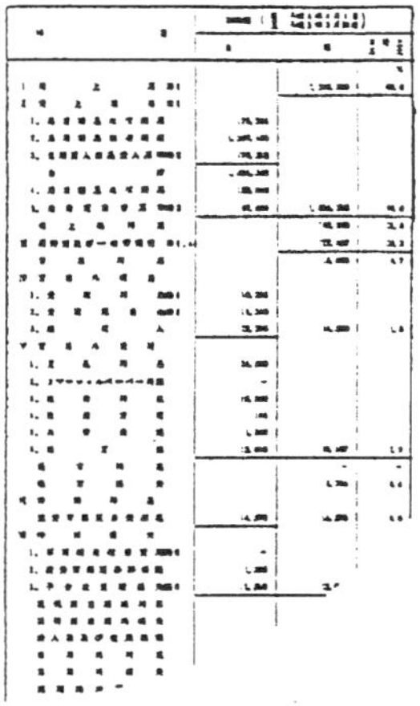

貸借対照表

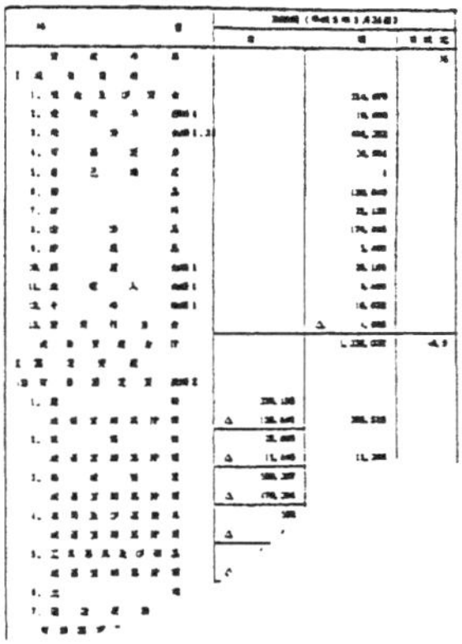

会計期間

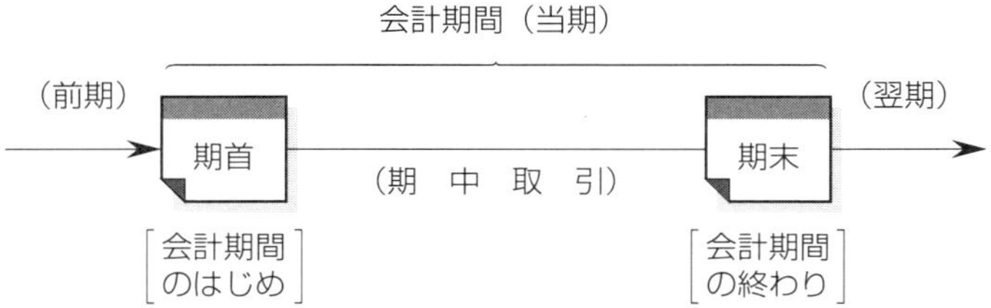

＊　通常，会計期間はその年の１月１日から12月31日又はその年の４月１日から翌年の３月31日とされています。

3. 貸借対照表のフォームは?

1 簿記上の財産には資産・負債・純資産の3つがある

貸借対照表は，企業の会計期間末における財産状況を示すものでした。それでは，企業の財産にはどのようなものがあるのでしょうか？

単純に考えて，財産には「あるとうれしい財産」と「ないほうがうれしい財産」の2つが存在します。

「あるとうれしい財産」には具体的に，現金，預金，土地，建物などの形のあるモノのほか，他人にお金を貸付けたことによるお金の請求権（いわゆる債権）のような形のないモノが存在します。

これらは総称して「**資産**」と呼ばれます。

資　産＝あるとうれしい財産（プラスの財産）

「ないほうがうれしい財産」には具体的に，企業が他人からお金を借り受けたことによるお金の支払義務（いわゆる債務）などが存在します。

これらは総称して「**負債**」と呼ばれます。

負　債＝ないほうがうれしい財産（マイナスの財産）

一般的に財産というと，上記の「資産」と「負債」だけを意味しますが，貸借対照表上の財産には，このほかにこれらの差額として求められる正味財産が存在します。

これが「**純資産**」と呼ばれるものです。

純資産（正味財産）＝資　産－負　債

2 貸借対照表は財産（資産・負債・純資産）の一覧表

前頁で確認したとおり，貸借対照表は，企業の会計期間末における財産状況を示した報告書（決算書）であるということがいえます。

貸借対照表のフォーム

貸借対照表に記載される資産・負債・純資産には，

資産　－　負債　＝　純資産

という関係がありますが，この等式は，次のように変形することによって，以下のような貸借対照表として示すことができます。

資産　＝　負債　＋　純資産

貸借対照表

<table>
<tr><td rowspan="2">資　産</td><td>負　債</td></tr>
<tr><td>純資産</td></tr>
</table>

4. 資産・負債・純資産ってなに？

1 「資産」に属する勘定科目を認識する

『3　貸借対照表のフォームは？』（☞P.6）において，資産とは，「あるとうれしい財産」と説明しましたが，具体的には次のようなものがこれに該当します。なお，これらは簿記の世界では特に「**勘定科目**」と呼ばれています。

① **「現金」勘定**

紙幣や硬貨，小切手（他人の振出したもの）などの入出金に用います。

② **「当座預金」勘定**

手形や小切手（自分が振出したもの）の支払いをするために，銀行に設ける当座預金という口座への入出金に用います。

③ **「受取手形」勘定**

商品・製品を販売して代金を法律で制定された手形で受取ったときに用います。手形には，現金決済する日付が記載されており，期日が到来したら手形の振出銀行に提示し，現金に換えます。

④ **「売掛金」勘定**

商品・製品を販売して代金が未収のときに用います。

⑤ **「未収金」勘定**

商品・製品以外のものを販売して代金が未収のときに用います。

⑥ **「貸付金」勘定**

お金を貸付けたときに用います。

日本人には日本語，イギリス人には英語という共通語があるように，簿記の世界でも「勘定科目」という共通語が必要なわけです。

ただ，後で説明しますが，実務上この勘定科目は特に覚える必要はなく，勘定の選択ができれば十分ですので参考程度に覚えておいて下さい。

2 「負債」に属する勘定科目を認識する

『3　貸借対照表のフォームは？』（☞P.6）において，負債とは，「ないほうがうれしい財産」と説明しましたが，具体的には次頁のようなものがこれに該当します。

1．資産はあるとうれしい財産

2．負債はないほうがうれしい財産

① **「借入金」勘定**

お金を借入れたときに用います。

② **「支払手形」勘定**

商品・製品を仕入れて代金を法律で制定された手形で振出したときに用います。手形には，現金決済する日付が記載されており，期日がきたら相手の会社は手形の振出銀行に提示して現金に換えます。

③ **「買掛金」勘定**

商品・製品を仕入れて代金が未払いのときに用います。

④ **「未払金」勘定**

商品・製品以外のものを購入して代金が未払いのときに用います。

3 「純資産」に属する勘定科目を認識する

『3　貸借対照表のフォームは？』（☞P.6）において，純資産とは，「資産と負債の差額として求められる正味財産」と説明しましたが，もっとわかりやすく説明すれば，会社などを設立するにあたって株主から払い込まれた「出資金」ということになります。

そして，2期目以降の資本金は，この「出資金」に企業の会計期間中の利益（又は損失）が**プラス**（又は**マイナス**）した金額となることを覚えておいてください。

3．資産と負債の差額が純資産となる

（1） 最初の会計期間

開業年度は「出資金」が「資本金」となる。

出資金 → 資本金

（2） その後の会計期間

翌期以降は「出資金」に「損益」を加味した金額が「資本金」となる。

出資金 ＋ 利益 − 損失 ＝ 資本金

5. 損益計算書のフォームは?

1 企業の「儲け」は収益と費用の差額で求められる

損益計算書は，企業の会計期間における経営成績（儲け）を示すものでした。それでは，企業の儲けはどのようにして求めるのか考えてみましょう。

単純に考えて，儲けはおよそ「入ってきたお金」と「出ていったお金」の差額分となることは理解できるでしょう。

「入ってきたお金」には具体的に，商品の販売代金の取得（売上），所有株式に係る配当金の取得（受取配当金），預貯金に係る利息の取得（受取利息）などが存在します。

これらは総称して「**収益**」と呼ばれ「企業の正味財産を増やす要素」となります。

収　益＝正味財産（純資産）を増加させる原因となる収入

「出ていったお金」には具体的に，商品の仕入代金の支払い（仕入），賃貸建物に係る家賃の支払い（支払家賃），電気，水道料金の支払い（水道光熱費）などが存在します。

これらは総称して**「費用」**と呼ばれ「企業の正味財産を減らす要素」となります。

費　用＝正味財産（純資産）を減少させる原因となる支出

これらのことから，企業の利益は収益と費用の差額として求められることが理解できます。

利　益＝収　益−費　用

2 損益計算書は損益（収益・費用・利益）の一覧表

前頁で確認したとおり，損益計算書は，会計期間中の企業の経営成績を示した報告書（決算書）であるということがいえます。

損益計算書のフォーム

損益計算書に記載される収益・費用・利益には，

収益　−　費用　＝　利益

という関係がありますが，この等式は，次のように変形することによって，以下のような損益計算書として示すことができます。

収益　＝　費用　＋　利益

損益計算書

費　用	収　益
利　益	

6. 収益・費用ってなに？

1 「収益」に属する勘定科目を認識する

『5　損益計算書のフォームは？』（☞P.12）において，収益とは，「正味財産（純資産）を増加させる原因となる収入」と説明しましたが，具体的には，次のようなものがこれに該当します。『4　資産・負債・純資産ってなに？』（☞P.8）同様，参考程度に覚えておいてください。

① **「売上」勘定**

商品・製品を売上げた際に用います。

② **「受取利息」勘定**

預貯金，貸付金などの利息を収受した際に用います。

③ **「受取家賃」勘定**

建物（事務所，店舗，マンションなど）の貸付けに係る対価を収受した際に用います。

④ **「受取地代」勘定**

土地の貸付けに係る対価を収受した際に用います。

⑤ **「受取配当金」勘定**

所有株式の配当金を収受した際に用います。

⑥ **「受取手数料」勘定**

サービス（取引の仲介，斡旋など）の提供に伴い対価を収受した際に用います。

⑦ **「有価証券売却益」勘定**

所有株式等を売却し，売却価額が帳簿価額を上回り売却益が発生した場合のその売却益相当額につき用います。

⑧ **「固定資産売却益」勘定**

上記⑦の売却資産が固定資産（土地，建物など）の場合に用います。

2 「費用」に属する勘定科目を認識する

『5 損益計算書のフォームは？』（☞P.12）において，費用とは，「正味財産（純資産）を減少させる原因となる支出」と説明しましたが，具体的には，次頁のようなものがこれに該当します。

1．収益は正味財産を増やすもの

2．費用は正味財産を減らすもの

① **「仕入」勘定**

商品を仕入れた際に用います。

② **「給料」勘定**

従業員などに給与を支払った際に用います。

③ **「水道光熱費」勘定**

水道料金，電気料金を支払った際に用います。

④ **「旅費交通費」勘定**

電車代，バス代，タクシー代などを支払った際に用います。

⑤ **「接待交際費」勘定**

取引先接待のために要した飲食代金などを支払った際に用います。

⑥ **「支払利息割引料」勘定**

借入金の利息，手形割引料などを支払った際に用います。

⑦ **「支払家賃」勘定**

建物（事務所，店舗など）の借り受けに係る対価を支払った際に用います。

⑧ **「支払地代」勘定**

土地の借り受けに係る対価を支払った際に用います。

⑨ **「支払手数料」勘定**

サービス（取引の仲介，斡旋など）の提供を受け，対価を支払った際に用います。

⑩ **「有価証券売却損」勘定**

所有株式などを売却し，売却価額が帳簿価額を下回り売却損が発生した場合のその売却損相当額につき用います。

⑪「固定資産売却損」勘定

上記⑩の売却資産が固定資産（土地，建物など）の場合に用います。

3．正味財産を増減させる仕組み

（1） 利益が出る場合（いわゆる黒字）

収益	>	費用		利益
100万円	−	80万円	＝	20万円

（2） 損失が出る場合（いわゆる赤字）

収益	<	費用		損失
80万円	−	100万円	＝	△20万円

7. 損益計算書と貸借対照表の関係

1 企業の「儲け」を算出する方法には2つある

『4　資産・負債・純資産ってなに？』（☞P.8）において，損益計算書により収益と費用の差額として利益（儲け）を求める方法を確認しました。

この計算方法は，特に「**損益法**」と呼ばれています。

損益法　→　収　益－費　用＝利　益

また，『4　資産・負債・純資産ってなに？』（☞P.8）により，収益は企業の正味財産（純資産）を増加させる原因となる収入であり，費用は企業の正味財産（純資産）を減少させる原因となる支出であることも確認しました。

ということは，正味財産である資本の額をベースとして利益を求めることも可能な気がしませんか。そうです可能なんです。

この後，確認する財産（純資産）ベースで利益を求める計算方法は，特に「**財産法**」と呼ばれています。

財産法　→　（期末）純資産－（期首）純資産＝利　益

「期末」とは，会計期間の末日，「期首」とは，会計期間の初日のことをいいます。すなわち，財産法による利益は，「期首の貸借対照表」と「期末の貸借対照表」を比較すれば，一目瞭然だということです。

2 損益計算書は，期首貸借対照表と期末貸借対照表を結ぶものである

「損益法」と「財産法」により算出される利益は1つの企業の同一会計期間に係るものである限り必ず一致します。これは，「損益」が会計期間中の「財産」の変化の原因を示すものであるためです。

結果，損益計算書は1つの会計期間の期首貸借対照表と期末貸借対照表を結ぶ役割を担っているということがいえます。

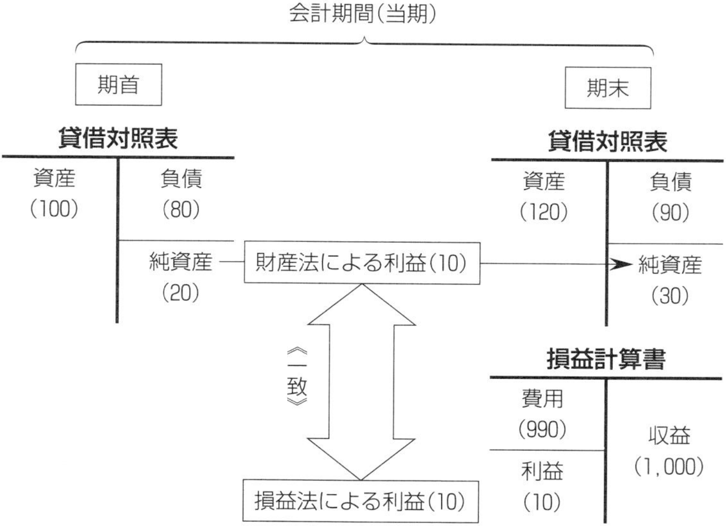

＊　これらの決算書（報告書）を作成することが簿記の最終目的になるわけですが，実際にこれらの決算書を作成するにあたっては，どのような手順を追っていけばよいのかを『8　簿記上の取引を理解する』（☞P.**20**）以降で学習していきます。

8. 簿記上の取引を理解する

1 「日常の取引」と「簿記上の取引（簿記でいう取引）」の違いを理解する

「日常の取引」とは，モノの移動やサービスの提供などが行われた場合のみならず，新入社員が入社したり，従業員が退職したりするような人間の異動そのものや，単なる口約束などもその範囲に含まれますが，「簿記でいう取引」は，あくまでも貸借対照表（資産，負債，純資産）や損益計算書（収益，費用）などの決算書に影響を及ぼすものに限定されます。

すなわち，前述した人間の異動そのものや，口頭上の行為自体は，その範囲から除外されることになります。

2 「簿記でいう取引」とは決算書に影響を与えるものに限られる

上記で確認したとおり「簿記でいう取引」とは，資産，負債，純資産の貸借対照表項目，収益，費用の損益計算書項目に影響を及ぼすものをいい，具体的には，次のような取引があげられます。

① 商品を売り，現金で回収する。
② 商品を掛で仕入れる。
③ 従業員に給与を現金で支払う。
④ 広告代理店に広告料を現金で支払う。
⑤ 銀行預金の利息を当座預金で受取る。
⑥ 借入金の利子を当座預金から支払う。

⑦　土地を売却したが代金は未収である。

簿記でいう取引

収益・費用・資産・負債・純資産を変動させる取引のこと

① 売上という「収益」，現金という「資産」の変動

② 仕入という「費用」，買掛金という「負債」の変動

③ 給与という「費用」，現金という「資産」の変動

④ 広告宣伝費という「費用」，現金という「資産」の変動

⑤ 受取利息という「収益」，当座預金という「資産」の変動

⑥ 支払利息という「費用」，当座預金という「資産」の変動

⑦ 土地という「資産」，未収金という「資産」の変動

＊ 上記①と②については，商品（資産）の変動も起こります。

9. 取引はT勘定に記録される

1 「簿記でいう取引」はどのように記録されていくのか

前述したとおり「簿記でいう取引」は，貸借対照表項目である資産，負債，純資産及び損益計算書項目である収益，費用の金額を増減させる取引をいいますが，実際，これらの取引がどのような手順を経て貸借対照表及び損益計算書へ記録されていくのかを説明していきます。

2 「簿記でいう取引」はT勘定に記録，集計，整理される

「簿記でいう取引」は，各勘定（資産，負債，純資産，収益，費用）ごとにT勘定（勘定の元となる帳簿を簡略化したもの）と呼ばれる図に集合，整理されることになります。

右図をみてください。これが「**T勘定**」と呼ばれるものです。アルファベットのTの文字に似ているところからそのように呼ばれています。なお，勘定は英語でAccountと表示されるので（Ta／c）と示されることもあります。

そして，この「T勘定」に，資産，負債，純資産，収益，費用の各勘定は記録されるため，「T勘定」の理解こそが簿記をマスターする上での最大のポイントとなるわけです。資産，負債，純資産，収益，費用が「T勘定」にどのように記載されるのかは『10　T勘定の仕組みを理解する（1）』（☞P.**24**）以降で学習するものとして，ここでは，「T勘定」のおおまかな仕組みだけを確認していきます。

③ T勘定の左側は「借方」，右側は「貸方」と呼ばれる

まず，専門的には，T勘定の左側を「借方」，右側を「貸方」と呼びます。呼び方自体に特に意味はありませんが，今後，簿記を学習する上で必ず覚えておかなければならない用語のひとつです。

そして，各勘定ごとに取引金額がT勘定の「借方」又は「貸方」に記載され，いくら金額が増加したのか又は減少したのか，その他残高はどれくらいなのかが整理，集計されることになります。

簿記の始まりと終わり

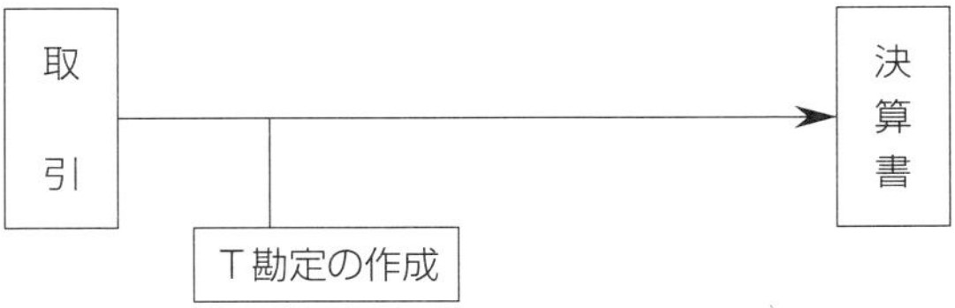

T勘定

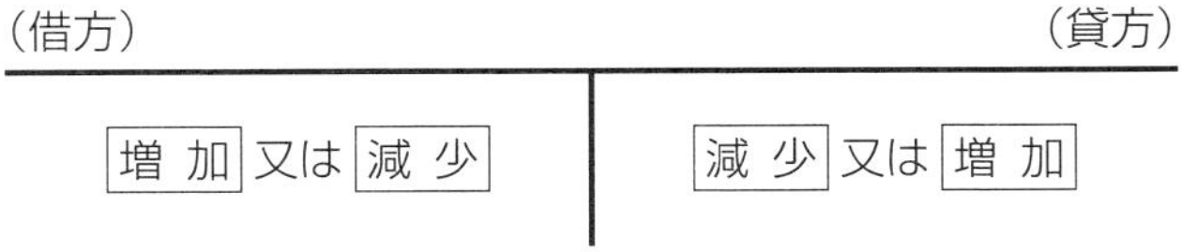

10. T勘定の仕組みを理解する（1）

1 貸借対照表項目（資産・負債・純資産）のT勘定を理解する

図解１の貸借対照表をみてください。貸借対照表において「資産」は左側を構成しています。「負債」,「純資産」は右側を構成しています。

したがって，下記①～③に示すとおり，「資産」は借方（左側），「負債」と「純資産」は貸方（右側）で増加を意味します。

注意すべきは，増加させたものを減少させるときは，減少側に金額を記入することにより行うということです。これにより，増加側の金額との差額が正味の残高となるのです。

①「資産」は，借方（左側）が増加，貸方（右側）が減少。

（借方）　**資　産**　（貸方）

増加（＋）	減少（－）

②「負債」は，借方（左側）が減少，貸方（右側）が増加。

（借方）　**負　債**　（貸方）

減少（－）	増加（＋）

③「純資産」は，借方（左側）が減少，貸方（右側）が増加。

（借方）　**純資産**　（貸方）

減少（－）	増加（＋）

図解 1

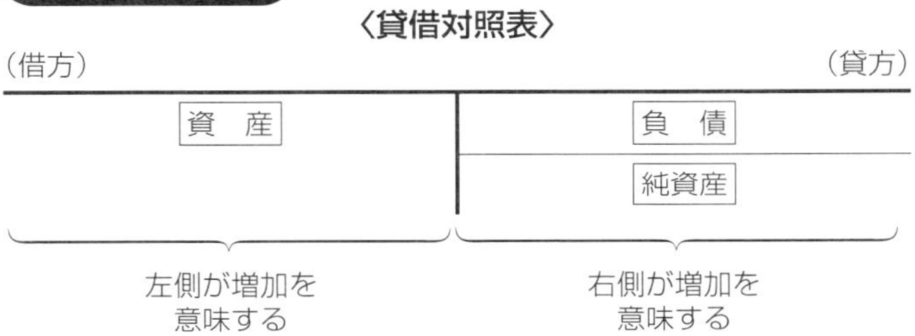

2 勘定記入を実際に行ってみよう！

たとえば，当期中に次の取引を行ったとしましょう。

消耗品（消しゴム）を現金100円を支払って買った。

① 消耗品（資産）の増加 → 消耗品勘定の「借方」に記入
② 現　金（資産）の減少 → 現 金 勘 定の「貸方」に記入

これを勘定記入すると 図解 2 のようになります。

図解 2

＊ 意味合いとして貸借対照表の中に各々の勘定が存在するということです（各勘定の残高（余り）が貸借対照表に記載されます）。

3 損益計算書項目（収益・費用）のT勘定を理解する

図解3の損益計算書をみてください。損益計算書において「収益」は右側，「費用」は左側を構成しています。

したがって，下記①，②に示すとおり，「収益」は貸方（右側），「費用」は借方（左側）で増加を，各々その逆側で減少を意味します。

①「収益」は，借方（左側）が減少，貸方（右側）が増加。

（借方）	収　益	（貸方）
減少（－）		増加（＋）

②「費用」は，借方（左側）が増加，貸方（右側）が減少。

（借方）	費　用	（貸方）
増加（＋）		減少（－）

4 勘定記入を実際に行ってみよう！

たとえば，当期中に次の取引を行ったとしましょう。

店舗の借入れに伴い，家賃（費用）100円を現金で支払った。

①　支払家賃（費用）の増加　→　支払家賃勘定の「借方」に記入
②　現　　金（資産）の減少　→　現 金 勘 定の「貸方」に記入
これを勘定記入すると図解4のようになります。

図解 3

〈損益計算書〉

（借方）	（貸方）
費　用	収　益
利　益	
左側が増加を意味する	右側が増加を意味する

図解 4

〈損益計算書〉

（借方）	（貸方）
支払家賃	

支払家賃	
100	

＊　意味合いとして損益計算書の中に各々の勘定が存在するということです（各勘定の合計金額が損益計算書に記載されます）。

〈貸借対照表〉

（借方）	（貸方）
現　金	

現　金	
	100

11．T勘定の仕組みを理解する（2）

1　T勘定への記入漏れ，誤りを防止するためには仕訳が必要

『10　T勘定の仕組みを理解する（1）』（☞P.24）で説明したとおり，簿記では取引をT勘定に記入して各勘定ごとの金額を計算することになります。しかし，会計期間中の取引すべてを直接T勘定に記入することにすると，取引の記入漏れ，記入の誤りなどが生じやすくなります。

そこで，このような誤りを極力防止するために，T勘定に記入する前に「仕訳」という確認手続を行う仕組みを採ることにしています。

2　仕訳とは取引のT勘定への記録方法を決める手続

たとえば，当期中に次の取引を行ったとしましょう。

消耗品（消しゴム）を現金100円を支払って買った。

この取引のT勘定への記入方法は，消耗品勘定の借方（左側）に100円，現金勘定の貸方（右側）に100円ということでした。これを仕訳になおすと次のようになります。

（借）消 耗 品　100　（貸）現　　金　100

すなわち，仕訳とは，T勘定作成にあたり，どの勘定の借方（又は貸方）に，いくらの金額を記載するかを取引ごとに分解したものなのです。

3 仕訳の手順（①→②→③）について学習する

① 簿記上の取引では，資産，負債，収益，費用のうち2以上の項目（勘定）に変動が生ずるため，まず**勘定科目を決定**する。

② 上記①で決定した勘定科目につき，**T勘定の借方に記入するのか貸方に記入するのか**（その金額が増加したのか減少したのか）**を決定**する。

③ 上記②で確認した勘定科目の借方及び貸方にそれぞれ**いくら記入するか**（金額）**を決定**する。

仕訳の手順

Step 1		Step 2		Step 3		Step 4
勘定科目の決定	→	借方・貸方記入の決定	→	記入金額の決定	→	仕訳完了

例　題

土地を購入し，現金100円を支払った。

Step 1　①「土地」勘定

②「現金」勘定

⇩

Step 2　①「土地」勘定の増加 → 資産の増加 → 借方記入
②「現金」勘定の減少 → 資産の減少 → 貸方記入

⇩

Step 3　①「土地」勘定 →（借） 100 （貸） —
②「現金」勘定 →（借） — （貸） 100

⇩

Step 4　（借） 土地 100 （貸） 現金 100

⇩

勘定記入『10 T勘定の仕組みを理解する（1）』（☞P. **24**）へ

12．勘定を暗記する必要はない

1 実務上，勘定科目は選択できればよい

仕訳する上で最も難しいのは，勘定科目の決定かもしれません。でも，それほど心配には及びません。勘定科目の正式名称を完璧に押さえなくても仕訳はマスターできます。

たとえば，当期中に次の仕訳を行ったとしましょう。

建物を購入し，現金100円を支払った。

基本的にはアンダーラインを引いた部分が，そのまま勘定科目として認識されるわけです。したがって，勘定科目というのは特別に覚えなければならないというものではありません。青色申告されている個人事業者，中小企業の経営者，経理担当者などの方も安心してください。

もちろん，大企業やその取引自体が特殊な場合であれば話は別ですが（その他，簿記検定などを受験するのであれば，勘定科目にも精通する必要性も出てきますが）。

それでは，『4　資産・負債・純資産ってなに？』（☞P.8）の資産，負債，純資産の基本勘定科目及び『6　収益・費用ってなに？』（☞P.14）の収益，費用の基本勘定科目を軽く再確認した上で，次の仕訳にチャレンジしてみましょう。

2 仕訳を実際に行ってみよう！

例 題

① 社長が資本金300円を出資し，当座預金に預入れた。
② 商品を200円（1個100円のものを2個）で仕入れ，小切手を振出して支払った。
③ ②の商品1個を180円で売却し，当座預金に入金した。
④ 銀行から現金100円を借入れ，当座預金に入金した。
⑤ 交際費50円を当座預金で支払った。

解 答

（単位：円）

①	（借）当座預金	300	（貸）資本金	300

会社としては，当座預金という「資産」及び資本金という「純資産」の増加となります。

②	（借）仕入	200	（貸）当座預金	200

商品という勘定を使わずに仕入という「費用」勘定を用いる理由については『13 仕入と商品の違いとは？』（☞P.**34**）で説明します。

③	（借）当座預金	180	（貸）売上	180

④	（借）当座預金	100	（貸）借入金	100

お金を借入れる行為は借入金という「負債」の増加です。

⑤	（借）交際費	50	（貸）当座預金	50

交際費又は接待交際費勘定を用います。

取引要素の組合わせ

上記で確認したとおり，仕訳の組合わせは次のようになります。実務上，覚える必要はありません。なお，…の組合わせは一般的にあまり発生しないものです。

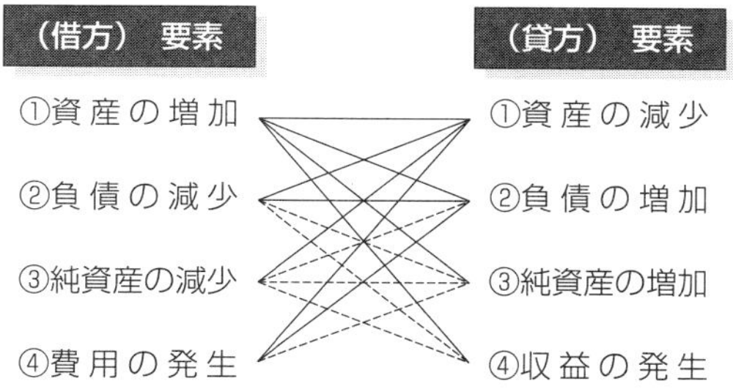

13. 仕入と商品の違いとは？

1 仕入は「費用」，商品は「資産」である

『12　勘定を暗記する必要はない』の取引（☞P. 32）を思い出して見てください。5つの取引の中で腑に落ちない取引があったはずです。そうです，②（③）の取引ですね（③については省略します）。

商品を200円で仕入れ，小切手を振出して支払った。

アンダーラインが3つ引かれています。貸方が「当座預金」勘定になることは理解できたと思いますが，借方を「商品」勘定で処理するか，「仕入」勘定で処理するか悩んだのではないでしょうか。

厳密に述べると「商品」勘定は「資産」勘定で，「仕入」勘定は「費用」勘定ということになります。

ここで「費用」勘定とは，どのような場合に用いられるのかもう一度確認してみたいと思います。

費　用＝正味財産（純資産）を減少させる原因となる支出

『5　損益計算書のフォームは？』(☞P. 12)

これは，損益計算書項目である費用を貸借対照表項目である純資産ベースで説明したものですが，損益計算書項目である費用を損益計算書項目である収益ベースで説明する場合にはどうなるか考えてみましょう。

期中仕訳

（借）仕　入	200	（貸）当座預金	200

2 決算整理仕訳は決算を行う上で必要不可欠なものである

たとえば，商品売上げという収益発生の前提にはどのような取引が存在していますか。そうです，商品の仕入れ（費用）です。

もともと商品の仕入れという費用の発生がなければ，商品売上げという収益も発生していなかったんですね。

費　用＝収益発生の原因となる支出＝収益獲得に貢献した支出

では，このことを『12　勘定を暗記する必要はない』の取引（☞P.32）に置き換えて考えてみます。『12　勘定を暗記する必要はない』では商品（1個100円のものを2個）を200円で仕入れ，そのうちの1個だけを180円で売却していますが，この場合，その会計期間の費用として認識されるべき金額はいくらになりますか？

そうです。当期に販売された商品1個分の仕入代金である100円ですね。売れ残った商品1個分の仕入代金は，当期収益獲得に貢献しなかった支出であり，費用（仕入）として認識することはできませんので，資産として，商品勘定で処理することになります。

ただし，結果的に仕入商品が会計期間中に売れたか，売れ残ったかは，その会計期間末の棚卸により認識せざるを得ないので，決算

において その内訳が明らかになったならば，次の追加仕訳を行う必要があります。

(借)	商　　品	100	(貸)	仕　　入	100

この仕訳は，一会計期間の末日である決算日における各企業の財政状態と経営成績を正しく示すために必要な決算の特別な仕訳であり，一般的に**決算整理仕訳**と呼ばれています。

3 仕入，売上の際に「商品」勘定を用いる方法もある

『11　T勘定の仕組みを理解する(2)』(☞P.28)では，商品を仕入れた際に「仕入」勘定，売上げた際に「売上」勘定を用いましたが，これらの勘定ではなく，そのまま「商品」という勘定を用いることも認められてはいます。しかし，その処理方法は一般的ではないのでここでは割愛させて頂きます。

決算整理仕訳

（借）商　　品　100　（貸）仕　　入　100

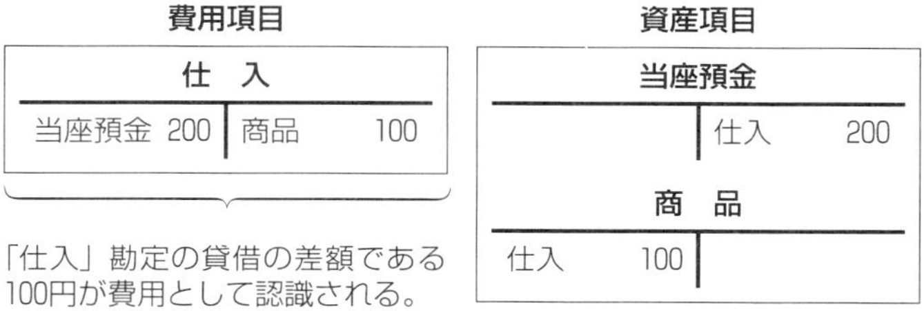
費用項目
仕　入
当座預金 200
商品 100
「仕入」勘定の貸借の差額である100円が費用として認識される。
資産項目
当座預金
仕入 200
商　品
仕入 100

考え方

期中において，仕入金額の全額をいったん費用として処理（仕訳）しておき，決算において当期販売分が明らかになった時点で費用計上額の調整を行っている。

具体例

当期に商品（1,000円）を仕入れ，期末の棚卸により残高（300円）が確認された。

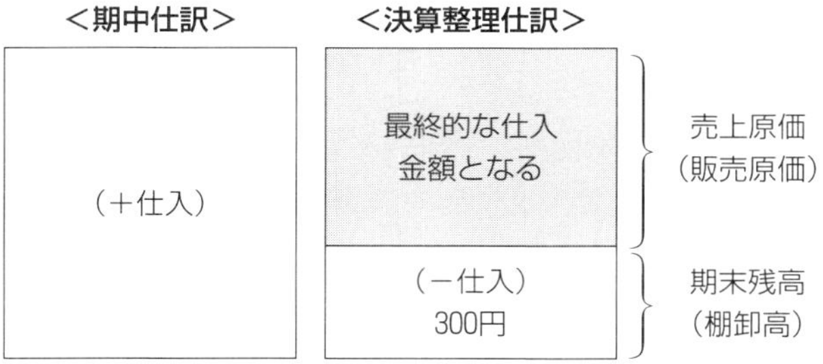
<期中仕訳>
<決算整理仕訳>
（＋仕入）
最終的な仕入金額となる
（－仕入）
300円
売上原価
（販売原価）
期末残高
（棚卸高）

14. 仕訳が完了したら転記

1　転記とは仕訳を勘定に書き写す手続である

そもそも仕訳は，T勘定記入の際の誤りを防止する意味で事前に行われる処理でした。したがって，仕訳『13　仕入と商品の違いとは？』(☞P.34) が完了したならば，当然その結果に基づいて勘定記入を行うことになります。

この仕訳を総勘定元帳（すべての勘定科目の元となる帳簿）と呼ばれる帳簿に書き写す作業のことを「転記」といいます。

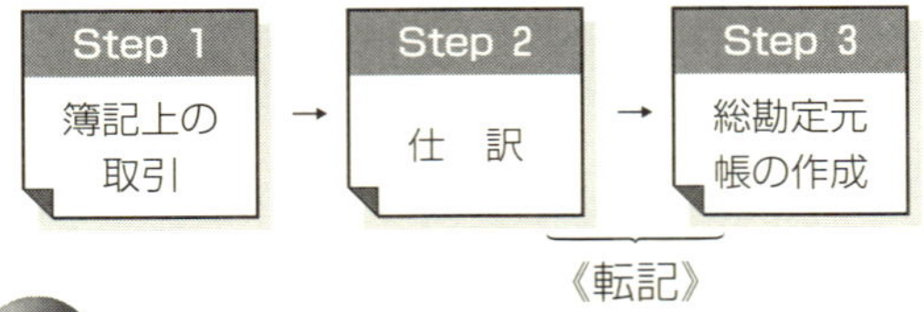

2　転記の手順は①相手勘定科目→②金額，日付である

次に転記の仕方についてですが，基本的には仕訳をそのまま勘定に写せばよいということになります。

具体的に，仕訳の左側（借方）に記入した勘定科目と金額は，総勘定元帳のその勘定科目の左側（借方）に記入し，また，仕訳の右側（貸方）に記入した勘定科目の金額は，総勘定元帳のその勘定科目の右側（貸方）に記入します（その他，日付に記入も行います）。

もともと，仕訳は総勘定元帳に記入する勘定科目と金額を決定する手続ですから，当然といえば当然ですね。

転　記　→　記入勘定科目の確認＋金額・日付の記入

総勘定元帳

総勘定元帳とは「現金」勘定，「売掛金」勘定，「貸付金」勘定，「買掛金」勘定，「借入金」勘定などの貸借対照表項目のほかに「売上」勘定，「受取家賃」勘定，「受取利息」勘定，「仕入」勘定，「従業員給与」勘定，「支払家賃」勘定，「支払利息」勘定などの損益計算書項目のすべてにつき設けられている勘定のベースとなる帳簿です。

現　金

平成○年	摘要	仕丁	借方	平成○年	摘要	仕丁	貸方
6/20	売上		30,000				

売　上

平成○年	摘要	仕丁	借方	平成○年	摘要	仕丁	貸方
				6/20	現金		30,000

総勘定元帳

（注）「摘要欄」は相手勘定科目名，「仕丁欄」は仕訳帳のページを記載します。

T勘定

T勘定とは，総勘定元帳を簡略化したものです。

現　金

6/20　売上　30,000	

売　上

	6/20　現金　30,000

T勘定

③ 転記を実際に行ってみよう！

それでは，『12　勘定を暗記する必要はない』で取り上げた5つの取引（☞P.32）と『13　仕入と商品の違いとは？』（☞P.34）につき，実際に転記を行ってみましょう。

期中仕訳（単位：円）

①	（借）当座預金	300	（貸）資本金	300
②	（借）仕入	200	（貸）当座預金	200
③	（借）当座預金	180	（貸）売上	180
④	（借）当座預金	100	（貸）借入金	100
⑤	（借）交際費	50	（貸）当座預金	50

決算整理仕訳（単位：円）

⑥	（借）商品	100	（貸）仕入	100

なお，勘定の借方に記載された金額の合計額を「**借方合計**」，貸方に記載された金額の合計額を「**貸方合計**」といい，「借方合計」と「貸方合計」の差額を「**残高**」といいます。

転記（単位：円）

当座預金

①資本金	300	②仕入	200
③売上	180	⑤交際費	50
④借入金	100		

資本金

		①当座預金	300

商　品

⑥仕入	100		

借入金

		④当座預金	100

貸借対照表項目

仕　入

②当座預金	200	⑥商品	100

売　上

		③当座預金	180

交際費

⑤当座預金	50		

損益計算書項目

（注）　実際は，上記の①～⑥の欄に日付が記入されます。

15. 決算準備に入ろう！

1 決算とは損益計算書，貸借対照表作成のための最終手続である

そもそも簿記の目的は各企業の決算書（損益計算書，貸借対照表）を作成すること（『1　簿記ってなに？』（☞P.2））であり，『9　取引はT勘定に記録される』～『14　仕訳が完了したら転記』（☞P.22～P.38）により，決算書までの一巡の手続を学習してきたわけです。

Step 1 仕　訳 → Step 2 転　記 → Step 3 総勘定元帳の作成 → Step 4 決　算

この時点では，まだ損益計算書，貸借対照表もできていませんね。そこで，これからこの2つの決算書作成のための最終作業（いわゆる「決算」）について説明していきます。

2 決算手続は大きく3段階に分けて進められる

①　「勘定記入」に至るまでの記録の修正

仕訳→勘定記入の過程での記録ミスなどの修正のほか，決算整理仕訳（『13　仕入と商品の違いとは？』（☞P.34））などを行って各勘定の金額を適正なものにしていきます。

②　各勘定科目の締切り

各勘定には，当期中の取引のすべてが記録されるわけですが，「勘定の締切り」とは，その記録（当期に係るもの）と翌期に繰り越す金額とを区別する作業のことをいいます。

③　決算書（損益計算書，貸借対照表）の作成

上記②により締切られた勘定をベースとして損益計算書，貸借対照表を作成することです。

Step 1		Step 2		Step 3
記録の修正	→	勘定の締切り	→	決算書の作成

とりあえず，ここでは決算までの一巡の流れを感覚的につかんでおけば十分です。個々の内容については『16　まずは試算表の作成』（☞P.**44**）以降でじっくり説明していきます。

決算手続一巡の流れ

第1段階　期中取引に係る記録修正

（1）　試算表（勘定科目の一覧表）の作成

（2）　決算整理仕訳を行う

第2段階　総勘定元帳の締切り

（1）　収益・費用勘定（損益計算書項目）の締切り

（2）　資産・負債・純資産勘定（貸借対照表項目）の締切り

第3段階　決算書の作成

（1）　損益計算書の作成

（2）　貸借対照表の作成

（注）　詳細については『16　まずは試算表の作成』（☞P.**44**）以降で学習します。

16. まずは試算表の作成

1 試算表は①仕訳→②転記→③勘定記入のチェック表である

決算手続の第1段階として①仕訳→②転記→③勘定記入に至るまでの記録ミスの修正などを行うことになっていました。

ここで，まず，これらの記録ミスの判断を行うために「試算表」と呼ばれる勘定科目の一覧表を作成することになります。「試算表」とは，文字どおり，試しで算定した表ということです。

仕訳 → 転記 → 勘定記入（総勘定元帳への作成）

これらのチェックを行うために「試算表」の作成は必要不可欠

2 試算表には合計・残高・合計残高の3種類が存在する

上記の「試算表」には，各勘定科目の総額を確認するのか，残高を確認するのかなどの用途に応じ，次の3種類が用意されています。

① **合計試算表**

各勘定科目の「借方合計」と「貸方合計」を集計

② **残高試算表**

各勘定科目の「借方合計」と「貸方合計」の差額である残高を集計

③ **合計残高試算表**（①＋②）

①の「合計」と②の「残高」の両方を集計

なお，下の 図解 で確認できるとおり，試算表の「借方残高」と「貸方残高」は必ず一致する仕組みになっており，このことは特に「貸借平均の原理」と呼ばれています。

図解

<合計試算表>

借方合計	月中取引高	前月繰越	勘定科目	前月繰越	月中取引高	貸方合計
1,200	1,100	100	売掛金	50	650	700
900	600	300	買掛金	200	1,000	1,200

<合計残高試算表>

借方		勘定科目	貸方	
残高	合計		合計	残高
500	1,200	売掛金	700	
	900	買掛金	1,200	300

<残高試算表>

借方残高	勘定科目	貸方残高
500	売掛金	
	買掛金	300

（注） これらの試算表が作成できたなら，次はいよいよ決算整理仕訳！

③ 試算表を実際に作成してみよう！

それでは『14　仕訳が完了したら転記』（☞P.38）で転記した勘定をベースに前記 ❷ ③「合計残高試算表」を実際に作成してみましょう。

借方と貸方の残高，合計は一致していますか？仮に一致していなければ転記の過程などでミスがあったということになります。

すなわち，試算表には，取引に係る仕訳，転記にミスがあったかどうかをチェックする機能があるということです。

図　解

当座預金

①資本金	300	②仕入	200
③売上	180	⑤交際費	50
④借入金	100	残高	330

資本金

残高	300	①当座預金	300

借入金

残高	100	④当座預金	100

貸借対照表項目

仕入

②当座預金	200		

売上

		①当座預金	180

交際費

⑤当座預金	50		

損益計算書項目

（注） 実際は，上記の①～⑥の欄に日付が記入されます。
また，決算整理前で作成するので　商品　100/仕入　100
という仕訳を行う前の勘定記入面を用いる。

＜合計残高試算表＞

借方		勘定科目	貸方	
残高	合計		合計	残高
330	580	当座預金	250	
		借入金	100	100
		資本金	300	300
		売上	180	180
200	200	仕入		
50	50	交際費		
580	830		830	580

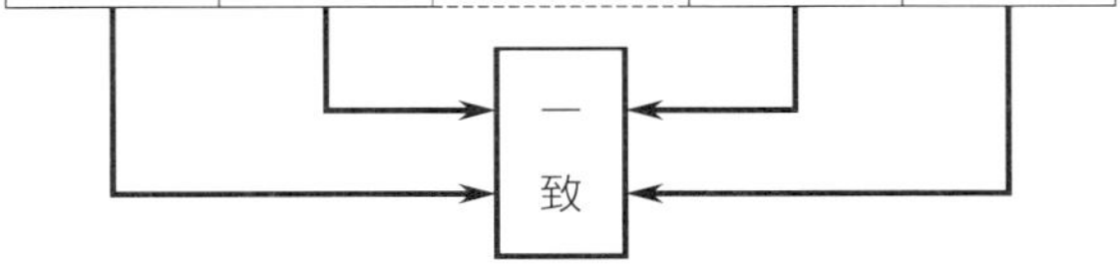

17．次は決算整理仕訳！

1 決算整理仕訳は覚える必要はない

『16　まずは試算表の作成』（☞P.44）により「決算」の第1次手続として「試算表」を作成しましたが，それらの試算表に示された勘定科目のなかには，決算日（会計期間の末日）における適正な金額を示していないものもあるし，また，決算日を迎えてからでないと最終金額が確定しないものもあります。

そこで，これらの修正を行うために「**決算整理仕訳**」という特別な作業が必要となるわけです。

ただし，次に掲げる「決算整理仕訳」は，一般的に企業の経理担当者や税理士などにより行われるものであり，皆さんが覚える必要はないものですので詳細については割愛させて頂きます。

2 決算整理仕訳の内訳は大きく5つある

先程も説明しましたが，次に掲げる決算整理仕訳は参考程度に覚えておいてください。

①　売上原価の計算

『13　仕入と商品の違いとは？』（☞P.34）で復習してみてください。

②　現金過不足の整理

帳簿上の現金残高と実際の現金残高が一致しないということはよくあります。これらの過不足の精算を帳簿上行うものです。

③ **費用の見積もり**

これは翌期以降に発生する可能性のある費用など（たとえば，売掛金などの回収が不能になった場合の貸倒金額）を事前に見積もって費用に計上する処理のことをいいます。

企業の各決算における損益を常に経常的な金額に保つために，特に認められている処理です。

図解１

① **現金過不足の整理（１）**

（１） 帳簿上の現金残高 120万円
（２） 実際上の現金残高 119万円

帳簿上の現金残高を実際上のものに合わせる必要がある。

↓

（借）雑 損 失 10,000 （貸）現　　金 10,000

② **現金過不足の整理（２）**

（１） 帳簿上の現金残高 119万円
（３） 実際上の現金残高 120万円

帳簿上の現金残高を実際上のものに合わせる必要がある。

↓

（借）現　　金 10,000 （貸）雑 収 入 10,000

③ **費用の見積もり（１）**

取引先に対し合計で100万円の売掛金を有しており，回収不能額（貸倒金額）が発生する可能性があることから事前に債権金額を3%費用として見積計上しておこう。

（借）	貸倒引当金繰入	30,000	（貸）	貸倒引当金	30,000
	費用			資産	

④　**費用，収益の繰り延べ**

当期に支払家賃などを当期分と翌期分を一括して支払ったような場合（前払いした場合）に，翌期分の費用に繰り延べるような処理をいいます。

⑤　**費用，収益の見越し**

上記④とは，逆に翌期に支払う契約となっている当期分の支払家賃などにつき，その未払いの家賃を当期の費用として計上するような処理をいいます。いわゆる費用の見越計上です。

3 精算表の作成

試算表を作成した後，決算整理仕訳を加味し損益計算書と貸借対照表の作成過程を１つにまとめた「精算表」と呼ばれる表を作成する場合があります。これにより決算の状況をいちはやく把握することができます。

それでは，第2段階に入る前に第1段階の流れを確認してみます。

Step 1	→	Step 2	→	Step 3
試算表の作成	→	決算整理仕訳	→	精算表の作成(任意)

（Step 2・Step 3）経理担当者・税理士にお任せ
（皆さんは覚える必要なし）

図解 2

① 費用の見積もり（2）

当期首に建物を購入したが，1年間使用したことにより価値が減少しているため，事前に費用を見積計上し，将来の買換えのための資金を蓄えておこう。

（借）減 価 償 却 費 ×××　（貸）減価償却累計額 ×××

（減価償却費＝費用，減価償却累計額＝資産）

② 費用，収益の繰り延べ

当期に家賃（月額100,000円）を5ヶ月分（500,000円）支払ったが，そのうち2ヶ月分（200,000円）は翌期分の家賃であった。

【期中仕訳】

（借） 支払家賃 500,000 （貸） 当座預金 500,000

【決算整理仕訳】

（借） 前払家賃 200,000 （貸） 支払家賃 200,000

（前払家賃＝資産）

③　**費用，収益の見越し**

翌期に支払うこととなる家賃（月額100,000円）のうち，2ヶ月分（200,000円）は当期分に係るものである。

（借）	支払家賃	200,000	（貸）	未払家賃（負債）	200,000

18. 最後は勘定の締切り！

1 収益・費用勘定の締切りを行う

決算整理仕訳を行った後「決算振替仕訳」という処理を行い，これを転記することによって総勘定元帳を締切ります。

ここで，この「決算振替仕訳」という処理は，2つに大別されます。

1 「損益勘定」を設定し，すべての「収益勘定」と「費用勘定」の残高を振替える。

まず，決算時における企業の最終的な損益を求めるために，新たに「損益勘定」を設け，これにすべての「収益」，「費用」勘定の残高を振替えます。これにより「収益」，「費用」勘定はすべて締切られます。

また，その「損益勘定」の差額として当期の純利益（損失）が算出されることになります。図解1で確認してみましょう。

2 「損益勘定」の残高である当期純利益を資本金勘定に振替える。

企業の「資本金」は，出資金に各会計期間における当期純利益を加算し，又は当期純損失を減算した金額となることは『4　資産・負債・純資産ってなに？』（☞P.8）で学習しました。

したがって，「損益勘定」の残高である当期純利益又は当期純損失は，「資本金」勘定に振替える必要があります。図解2で確認してみましょう。

また，これにより「損益勘定」が締切られます。

2 資産・負債・純資産勘定の締切りを行う

資産・負債・純資産勘定は，締切りをしてもその残高は次期（翌期）に繰り越され，次期の営業活動のために使用されることになります。

収益，費用とは異なり「決算振替仕訳」を行う必要はありません。

（注） 残高勘定を設け，資産・負債・純資産勘定の残高を振替える「決算振替仕訳」を行う場合もあります。

＊ 次の図解1 図解2は『12 勘定を暗記する必要はない』（☞P.31）のT勘定を前提として決算振替仕訳を行っていきます。

図解1

収益・費用勘定の締切り

（借）	売上	180	（貸）	損益	180

（借）	損益	150	（貸）	仕入	100
				交際費	50

損　益

費用	仕入	100	売上	180	収益
費用	交際費	50			
	当期純利益	30			
		180		180	

（借）損　　益	30	（貸）資 本 金	30

＊　上記の「損益」勘定をみてください。借方に費用，貸方に収益が集合しています。また，「損益」勘定の借方残高（収益－費用）は当期純利益を示しています。
　したがって，この「損益」勘定自体が簡易な損益計算書になっているのです。

ちなみに，「決算振替仕訳」とは，決算において一定の勘定（損益・資本金勘定）に振替える処理を行うことから使われている言葉です。「決算整理仕訳」とは区別して覚えてください。

それでは，第2段階の決算手続を確認してみます。

決算振替仕訳　→　勘定の締切り

＊　次はついに決算書（損益計算書，貸借対照表）の作成！

図解2

資産・負債・純資産勘定の締切り

当座預金

①資本金	300	②仕　入	200
③売　上	180	⑤交際費	50
④借入金	100	残　高	330
	580		580

資本金

残　高	330	①当座預金	30
		損　益	30
	330		330

商　品

⑥仕　入	100	残　高	100
	100		100

借入金

残　高	100	④当座預金	100
	100		100

貸借対照表

残　高

資産	当座預金	330	借入金	100	負債
資産	商　品	100	資本金	330	純資産
		430		430	

＊　上記の「残高」勘定をみてください。借方に資産，貸方に負債，純資産が集合しています。また，資本金は出資金である300円に当期純利益分30円が加算されたものとなっています。

したがって，この「残高」勘定自体が簡易な貸借対照表になっているんです。

19. 決算書を作ってみよう！

1 損益計算書作成上の注意事項

① 企業の名称を記入します。

② 会計期間を記入します。

③ 収益・費用の具体的な科目名と金額を記入します。なお，「仕入」勘定は「売上原価」，「売上」勘定は「売上高」と表示することになります。

それでは，『17　次は決算整理仕訳！』（☞P.48）の損益勘定をベースに損益計算書を作ってみます。

損益計算書

ＭＳ商事株式会社　平成×1年１月１日～平成×1年12月31日（単位：万円）

費用	金額	収益	金額
売上原価	100	売上高	180
交際費	50		
当期純利益	30		
	180		180

2 貸借対照表作成上の注意事項

① 企業の名称を記入します。

② 貸借対照表（決算日）を記入します。

③ 資産・負債・純資産の具体的な科目名と金額を記入します。

それでは，『17　次は決算整理仕訳！』（☞P.48）の残高勘定をベースに貸借対照表を作ってみます。

貸借対照表

ＭＳ商事株式会社　平成×1年12月31日　（単位：万円）

資　産	金　額	負債及び純資産	金額
当座預金	330	借入金	100
商　品	100	資本金	330
	430		430

損益計算書と貸借対照表の完成まで

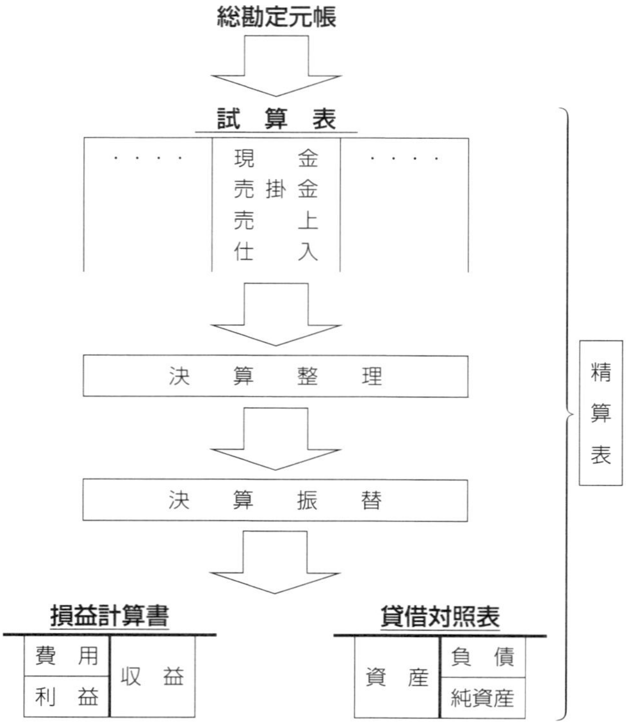

20. 損益計算書の読み方は！

『19　決算書を作ってみよう！』（☞P.56）では，勘定式で損益計算書を示しましたが，実際には次頁のように報告式により記載します。その際，項目の性質に基づいて，4つの利益を算出します。

1 損益計算書上の利益には大きく4種類ある

損益計算書は各段階で4つの利益を算出していますが，これら4つの利益はそれぞれ別な角度から企業の経営成績を表しています。ここでは，この4つの利益がどのような性質を有しているのかを学習することにより，損益計算書を簡単に読めるようにしていきます。

①　売上総利益の算出方法

(イ)売上高－(ロ)売上原価＝(ハ)売上総利益

(イ)　売上高

商品，製品などの販売金額が計上されます。

(ロ)　売上原価

販売商品に対応する仕入金額が計上されます。

(ハ)　売上総利益

粗利益と呼ばれるおおもとの利益が計上されます。

②　営業利益の算出方法

(ハ)－(ニ)販売費及び一般管理費＝(ホ)営業利益

(ニ)　販売費及び一般管理費

従業員給与，旅費交通費，福利厚生費，広告宣伝費，水道光熱費などの純粋な営業活動に基づいた費用が計上されます。

(ホ) 営業利益

純粋な営業活動に基づいた利益が計上されます。

図解

損益計算書　（単位：円）

Ⅰ．売上高		10,000	
Ⅱ．売上原価		6,500	
売上総利益		3,500	→ 商品販売益
Ⅲ．販売費及び一般管理費			
（1） 従業員給与	100		
（2） 旅費交通費	100		
（3） 福利厚生費	100		
（4） 水道光熱費	100		
⋮	⋮	2,500	
営業利益		1,000	→ 主たる営業活動に基づく利益
Ⅳ．営業外収益			
（1） 受取利息	200		
（2） 雑収入	100	300	
Ⅴ．営業外費用			
（1） 支払利息	100		
（2） 雑損失	100	200	
経常利益		1,100	→ 通常の企業活動に基づく利益
Ⅵ．特別利益			
土地売却益		500	
Ⅶ．特別損失			
火災損失		600	
税引前当期利益		1,000	→ 最終利益
法人税及び住民税		500	

当期利益	500

③　**経常利益の算出方法**

(ホ)＋(ヘ)営業外収益－(ト)営業外費用＝(チ)経常利益

(ヘ)　営業外収益

受取利息，受取配当金，雑収入などの本業以外の営業活動に基づいた経常的な収益が計上されます。

(ト)　営業外費用

支払利息，手形割引料，雑損失などの本業以外の営業活動に基づいた経常的な費用が計上されます。

(チ)　経常利益

企業の通常の営業活動に基づいた経常的な利益が計上されます。

④　**税引前当期利益の算出方法**

(チ)＋(リ)特別利益－(ヌ)特別損失＝(ル)税引前当期利益

(リ)　特別利益

土地売却益，建物売却益などの突発的（通常の営業活動では起こりえない）な取引などに対する利益が計上されます。

(ヌ)　特別損失

土地売却損，建物売却損，災害による損失などの突発的（通常の営業活動では起こりえない）な取引などに対する損失が計上されます。

(ル) 税引前当期利益

企業活動における最終的な利益が計上されます。なお，これから法人税などの税金を支払った後の利益が当期利益と呼ばれるものです。

損益計算書のポイント

損益計算書を見て経営分析を行う上での最大のポイントは，その企業の経常利益がどれだけ発生しているかである。

なぜならば，経常利益は前述したとおりその会社の通常の営業活動（いわゆる本業）に基づく利益であり，これこそがその会社の経常的な経営成績を示したものとなっているからである。

経営成績を見る上で最も重要な利益は経常利益である。

実践編

第一章

会社の設立

1．会社を設立しよう！

開店までに係った費用の処理

会社を設立しようとする場合，最初に出資しなければならない資本金（元手）が必要です。会社法では，資本金の最低金額に制限はなく，1円から会社を設立することができます。

また，開店までに係った費用は，会計上では創立費もしくは開業費といいます。創立費も開業費も，その効果は会社が倒産しない限り半永久的に続くことから，資産として計上することもできますし，設立時に一時に費用化（償却）することもできます。

しかし，資産として計上しても借入金などの負債の返済などには使用できない資産なので，会社法では5年以内に均等額以上を償却しなければならないとされています。

会社設立の手続

手続的には，会社を設立するためには設立登記が必要となります。会社を設立する人を「発起人」といいます。発起人は必要な書類等を揃えて法務局へ持参することで，会社を設立することができます。

登記手続に必要な書類等については，専門家である司法書士に任せた方が無難でしょう。

ハッピーウェディングにて

吉田ひろみ社長はウェディング・ドレスショップを開店するために，まず会社を設立することにしました。

吉田：設立のため資金300万円はすでに用意してあるから，これを元手に会社を設立しようと思っているのだけれど……。

おじ：設立登記に必要な書類等については，私がお世話になっている司法書士を紹介しよう。

吉田：ありがとう。ところで，開店までに係った費用について，会計上の処理はどうすればいいのかなー？

おじ：創立費として，資産計上するといいよ。設立時に全額を償却してしまうと決算が赤字になってしまうかもしれないからね。

吉田：うん。じゃあ，さっそく私が発起人になって会社を設立するわ。

基本用語を覚えよう！

創立費

定款及び設立目論見書の作成費，株式募集費，創立総会費，発起人の報酬，登録免許税（登記書類に添付する印紙代）など会社成立前に必要な費用をいいます。

開業費

会社成立後，営業を開始するまでの準備費用をいいます。

創立費，開業費とも設立後５年以内の規則的償却が必要です。決算書では，償却額をP/Lの営業外費用に，未償却残高をB/Sの繰延資産に計上します。

仕　訳
（単位：千円）

1　出　資　時

現金300万円を出資して，会社を設立した。

（借）	現　　　金	3,000	（貸）資　本　金	3,000

2　支　出　時

登録免許税の代金として，６万円を現金で支払った。また，開業準備のためにチラシを作成した代金として，20万円を現金で支払った。

(借)	創立費	60	(貸)	現金	60
(借)	開業費	200	(貸)	現金	200

3 決算時

決算をむかえ，創立費，開業費を償却する。

(借)	創立費償却	12*1	(貸)	創立費	12
(借)	開業費償却	40*2	(貸)	開業費	40

＊1： 60千円÷5年＝12千円

＊2：200千円÷5年＝40千円

2. 開業準備

（1）店舗賃借

◎差入保証金は資産，手数料・前家賃は費用計上

アパートやマンションを賃借したことがある方ならよくおわかりでしょうが，店舗を賃借しようとする場合には，差入保証金（通常は家賃４ヶ月分程度），不動産屋さんへ支払う仲介手数料（通常は家賃１ヶ月分程度），そして前家賃が初期投資として必要になります。

このとき，差入保証金は賃借契約の満了時に全額返還されるため，「資産」として処理します。また仲介手数料は，支払った日の属する事業年度の「費用（損金）」として処理することになります。そして前家賃は，最初の月の家賃として支払うわけですから，当然「費用（損金）」として処理することになります。

ハッピーウェディングにて

ひろみ社長は郊外の幹線沿いの不動産屋を訪ね，ウェディング・ドレスショップの店舗を借りるために，ちょうどよい物件を見つけたようです。

吉田：お店を借りるだけで，保証金として家賃の４ヶ月分，手数料として１ヶ月分と前家賃，合計で家賃の６ヶ月分180万円も必要だなんて・・・・。

まめ知識

敷金・礼金の会計処理

店舗を借りる際に，差入保証金としてではなく，敷金と礼金という名目で，大家さんにお金を支払う場合があります（一般のアパート・マンションを借りる場合の敷金・礼金と同じことです)。これら敷金・礼金はどのように処理することが望ましいでしょうか？

まず，敷金と礼金はそれぞれの性質が異なるので，帳簿上同じように処理できないということを理解する必要があります。

礼金は店舗の賃貸借契約を解約したときには，返ってこない支出なので，支出したときに費用（損金）として処理しても問題ないことになります。一方，敷金は賃貸借契約を解約したときには，返還されるものですから，支出したときから返還されるときまで「差入敷金保証金」として資産に計上することになります。◢

まめ知識一歩前進!!

「保証金」の会計処理

商契約を結ぶときには，「保証金」という名目でのお金のやり取りがなされることがたくさんあります。この「保証金」の会計処理も，敷金・礼金にならって，解約時の返済の有無で，資産計上か費用（損金）処理かを選択することになります。◢

仕訳 (単位：千円)

1　差入保証金として1,200千円を大家さんに現金で支払った。

(借)	差入敷金保証金	1,200	(貸) 現　　金	1,200

2　前家賃として，300千円を大家さんに現金で支払った。

(借)	支払家賃	300	(貸) 現　　金	300

3　仲介手数料として，300千円を不動産屋さんに現金で支払った。

(借)	支払手数料	300	(貸) 現　　金	300

数年後

4　賃借契約を解約したため，差入保証金1,200千円が現金で返還された。

(借)	現　　金	1,200	(貸) 差入敷金保証金	1,200

（2）器具・備品の購入

器具・備品は資産か費用か？

日々の営業のためには，机や椅子といった備品が必要となるでしょう。器具・備品を購入すれば，原則としては，会計上，固定資産として計上することになり，減価償却の対象になります（減価償却については，『第四章　2　固定資産の決算整理』（☞P.151）を参照してください）。

しかし，法人税法上の処理としてこの例外があります。次の条件（いずれか一方）を満たす減価償却資産は，実際に使用し始めた事業年度において，その取得原価の全額を一括して損金（費用）処理できることになっています。

① 使用可能期間が１年未満のもの

② 取得価額が10万円（備品の場合は，１個もしくは１セットあたり）未満のもの

逆に言えば，上記の①又は②にあてはまらない減価償却資産は，取得原価の全額を一括損金（費用）として処理できないことになるので，取得時には，全額を資産として計上し，決算時にその一部を減価償却費として損金（費用）に算入しなければならないことになります。

ハッピーウェディングにて

鈴木：備品が届きました。品目と金額は請求書の内訳のとおりですが，どのように記帳すればいいですか。

吉田：単価が20万円以上のものはあるかしら。

鈴木：パソコンは30万円ですが，それ以外は，すべて10万円未満のものばかりです。

吉田：ではパソコンは資産として，それ以外は消耗品費として処理してください。

まめ知識

1個＝1セット？

本稿の最初に，「備品の場合は，1個もしくは『1セットあたり』で10万円の基準を考えると書きました。この『1セットあたり』とは，具体的にはどういうことでしょうか？

たとえばディスクトップタイプのパソコンを思いうかべてみてください。このタイプのパソコンは，パソコンとモニターの両方を組合わせることによって，はじめてその機能が発揮できます。このような場合には，このパソコンとモニターの取得価額の合計額が10万円を超えるかどうかで，資産計上か一括費用処理かを判断することになります。つまりパソコンとモニターを「1セット」にして判定するということになるわけです。

仕 訳 (単位：千円)

以下のような器具・備品を現金で購入した。

請 求 書

株式会社ハッピーウェディング様

下記のとおりご請求させていただきます。

Ⅰ．パソコン一式			
（内訳）			
本体	NPC2001	¥235,000	
モニター	MITSUBA−RD017	¥ 45,800	
メモリー	32MB×2	¥ 19,200	¥300,000
Ⅱ．オフィス備品			
（内訳）			
ディスク	TOKUYO D123×5	¥123,500	
チェアー	TOKUYO C010×5	¥128,700	
スタンド	FANASOPIC 10×5	¥ 47,800	¥300,000
		合計	¥600,000

以 上

①パソコン

10万円以上なので，資産として貸借対照表に計上します。

（借）器具・備品	300	（貸）現	金	300

②その他

すべて単価10万円未満なので一括して，費用（損金）処理します。

（借）消耗品費	300	（貸）現	金	300

（3）電話回線開設

電話加入権は非償却性資産

備品を購入したら，お店を開くためにあとは何が必要でしょうか？たとえば電話とFAXが必要になるでしょう。

では，電話を引くための費用については，会計上どのように処理するのでしょうか？これは電話加入権（無形固定資産）として，貸借対照表に資産計上します。電話加入権とは，電話番号を取得することができる権利のことです。電話加入権を持っていれば，最初に電話を引いたときだけでなく，たとえ引っ越しをしても，また電話番号を取得することができます。つまり時間が経っても，その権利の力が弱まるということがないのです。

したがって，同じ固定資産でも，器具・備品などの有形固定資産とは異なり，費用（損金）化処理は一切行われないことになります。

まめ知識

電話加入権の中身

電話加入権の取得価額には，通常，電話線架設のための工事負担金と加入料が含まれます。ただし，電話加入権を第三者からの譲渡により取得した場合には，取得価額には，購入代価，購入手数料とその他使用に際し要するコストが含まれます。 ◢

ハッピーウェディングにて

会社では電話用に2本，FAX・パソコン通信兼用に1本，電話を引くことにしました。

鈴木：電話を引いたときの加入権（36,000円×３本＝108,000円）は電話料金と同じような処理でいいのかな？

吉田：電話加入権ね。

おじ：電話加入権の価値は，それを購入したときだけではなく，売るまでずっと減ることがないだろ。だから経理上はこれを取得時の費用としては処理せずに，資産計上するうえ，その後も備品のように減価償却する必要はないんだよ。

吉田：ふーん。同じ固定資産とはいっても，それぞれの性質に応じた処理が必要なのね。

仕　訳

（単位：円）

電話加入料として，電話会社に現金108,000円支払った。

（借）電話加入権	108,000	（貸）現　　金	108,000

第二章

営業開始　1ヶ月目

はじめに　取引の流れをつかもう

「商売」を最も単純化すると,「モノを購入し, これに何らかの付加価値を付け, 商品として売ること」といえるのではないでしょうか。ということは, 会社なり商店なり, 組織の形態はどうであれ「商売」をしている場合には, ①モノを購入する行為（商品の仕入）, ②付加価値を付ける行為（商品の加工）, ③商品として売る行為（販売活動）が行われていると考えることができます。今回は, このうち①モノを購入する行為（商品の仕入）についての会計処理から考えていきましょう。

図解

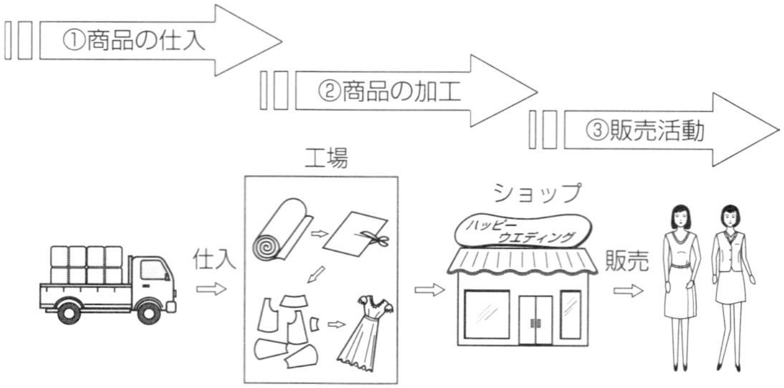

1．仕入取引

（1）現金による商品仕入

仕入原価に含まれるもの

商品を仕入れる場合に，係るコストにはどのようなものがあるでしょうか？

まず，商品の購入代金（購入代価）が係るでしょう。その他にも，商品を店や工場に運ぶための運送費が係ります。また，その商品が会社の要求する品質を確保しているかを調べるための費用も係るでしょう。

このように商品を仕入れる場合に，商品の購入代金以外に係るコストのことを「付随費用」といいます。そして，これらの「付随費用」は，商品を仕入れるための必要不可欠なコストとして，商品の仕入原価に含められることになります。

付随費用とはなにか？

付随費用とは，商品の仕入時に仕入れに関して発生する費用のうち，商品代価以外の費用です。これらの付随費用は，原則として仕入原価に算入されます。したがって，仕入原価＝購入代価＋仕入付随費用となります。

なお，付随費用には，①商品の仕入時に発生する引取運賃・購入手数料などの企業外部で発生する費用（外部副費と呼ぶ）と，②仕入商品の検品・整理などのように企業の内部で発生する費用（内部副費と呼ぶ）とがあります。この②内部副費のうち少額なもの（購入代価の3%以内）は，仕入額に加算しなくてもよいことになっています。◢

ハッピーウェディングにて

吉田：このシルクは素敵ですね。いくらですか。
店員：１メートルあたり１万円ですが，吉田さんとは長い付き合いですので，８千円で結構ですよ。
吉田：ほんと！それじゃぁ10メートルいただくわ。
店員：お支払方法はどうなさいますか？それと本日お持ち帰りになられますか？
吉田：現金払いで，配達にしてください。
店員：では，商品は後日配達いたしますので，配送料1,000円と合わせて81,000円になります。
吉田：急いでお店に帰って，忘れないうちに帳簿を付けなきゃ。

仕　訳

（単位：円）

この例題では，仕入高は生地の購入代価の80,000円に，配送料1,000円（外部副費）が加算された81,000円となります。

（借）	仕　　入	81,000	（貸）	現　　金	81,000

(2) 掛による商品仕入

(貸方)『買掛金』勘定に計上

一般的に，お互いにある程度の信用力があり（信用力があるからこそ），頻繁に取引をする相手とは，モノの購入時には代金を支払わずに，一定期間後に代金（金銭）の支払いをするような取引を行う場合があります。このような取引を，「掛」による取引といいます。掛取引には，商品を購入する取引と，商品を販売する取引の両方がありますが，ここでは商品を購入する取引をとりあげます。

商品を掛で購入する場合，どのような勘定科目を用いればよいかが問題となります。

現金で購入する場合，現金支出を貸方『現金』という形で表現することはすでにご存じのとおりです。ところが掛で購入する場合，この現金支出は，モノを購入するときにはなされないことになります。そこで掛仕入の場合には，先程の貸方『現金』に変わるものとして貸方『買掛金』という勘定を用います。つまり買掛金という勘定を利用することにより，一定期間後に現金を支払わなければならないという義務を帳簿上（最終的には貸借対照表上）に表現するのです。

そして一定期間後，現金を支払う時点で，貸方『現金』で，現金支出がなされ，借方『買掛金』で先程計上した買掛金を消す仕訳がなされることで，晴れて現金を支払わなければならない義務から解放されることになるのです。

まめ知識

買掛金と未払金

買掛金と似た勘定で，未払金という勘定があります。これも，一定期間後に金銭の支払いをする場合に用います。買掛金と未払金の違いは，前者が会社の営業活動に直接関係のある商品・材料などの購入取引の場合に用いるのに対して，後者は会社の営業活動には，直接的には関係のない取引（たとえば，会社の備品の購入時）に用いる点で異なります。

まめ知識一歩前進!!

ここで取り上げたような信用取引の場合，会社の経営上重要なことは，買掛金・未払金の相手先・金額・支払期日をしっかり把握しておくことです。さもないと，いざ支払うときになって，当座預金がないという事態(最悪の場合，倒産)になる可能性があるからです。

ハッピーウェディングにて

吉田社長はウェディング・ドレスの型紙を常日頃から取引があり，信用力のあるＡデザイナーから30万円で購入しました。

吉田：ハイセンスな型紙を購入することができたわ。
鈴木：代金の支払期日は来月の５日ですね。ということは，今月はお金を支払わないのですから，こういう場合，今月は仕訳をしなくてもいいことにならないかな？

おじ：そんなことはないよ。商品の仕入の仕訳は，その商品を購入した時点でしなければいけない。さもないと帳簿の外に商品が存在することになってしまうだろ。この場合には，掛の支払時（来月の5日）にも仕訳することになるから，注意する必要があるぞ。

吉田，鈴木：なるほど。

仕 訳 （単位：千円）

1 仕 入 時

掛で，300千円の型紙を購入した。

（借）	仕　　入	300	（貸）	買 掛 金	300

2 支 払 時

支払期日（翌月5日）が到来し，現金決済をした。

（借）	買 掛 金	300	（貸）	現　　金	300

(3) その他の方法による商品仕入

小切手・約束手形による仕入の仕訳

仕入の形態としては，掛仕入のほかに一般的なものとして(1)小切手の振出しによる仕入，(2)約束手形の振出しによる仕入があります。

(1) 小切手の振出しによる仕入

小切手とは，当座預金口座を利用した支払手段です。小切手による仕入の場合，掛仕入と同様，モノの購入時点での支払いは行いません。しかし，小切手を受取った相手方が，その小切手を銀行に持っていったときには，いつでも支払いに応じなければならないということになっています（厳密には，会社の当座預金口座から小切手の額面分の金額が引落とされることになります）。

つまり，小切手は支払時期を遅らせるための支払手段ではなく，現金よりも，安全な支払手段であるといえます。

図解1

① **小切手の図解**　〈当座預金の仕組み〉

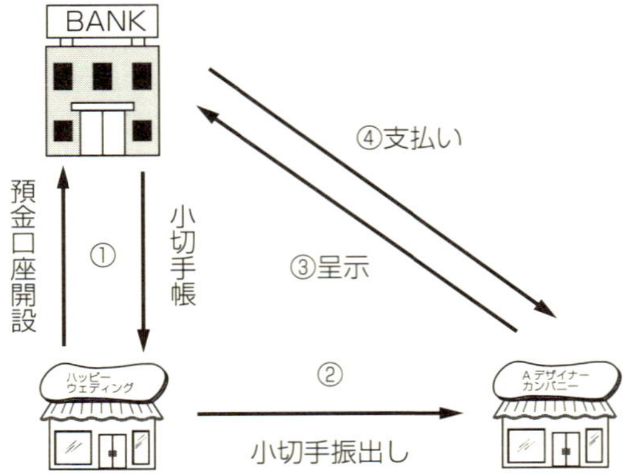

仕訳 (単位：千円)

〔**小切手の振出しによる仕入**〕

1 仕 入 時

小切手を振出して，Aデザイナーから，型紙300千円を購入した。

(借)	仕入	300	(貸) 当座預金	300

2 支 払 時

Aデザイナーが，銀行へ小切手を呈示して支払いを受けた。

仕訳なし

(2) 約束手形の振出しによる仕入

約束手形とは，これを発行（振出）した人が，相手（名宛人）に対して一定の期日（満期日）に一定の金額を支払うことを約束する証券です。

一定期間，支払時期を遅らせることができるという点では，掛仕入と同様の効果があります。しかし，掛仕入と異なるのは，1日でも支払期限に遅れてしまうと，振出した手形は「不渡手形」となってしまう点です。2回不渡手形を出してしまった場合には，法律上，銀行取引停止処分を受けてしまいます。銀行取引が停止されるということは，事実上の倒産ということになります。

つまり，手形仕入は，掛仕入よりも法的に厳しい支払条件といえます。しかし，逆に手形を受取る側にすれば，銀行取引停止処分という一種の担保が存在することにより，掛（＝信用）よりも約束手形による売上の方が代金をもらい損ねるというリスクは小さいことになるので，より安全な代金回収手段ということになります。

図解２

②　**約束手形の図解**

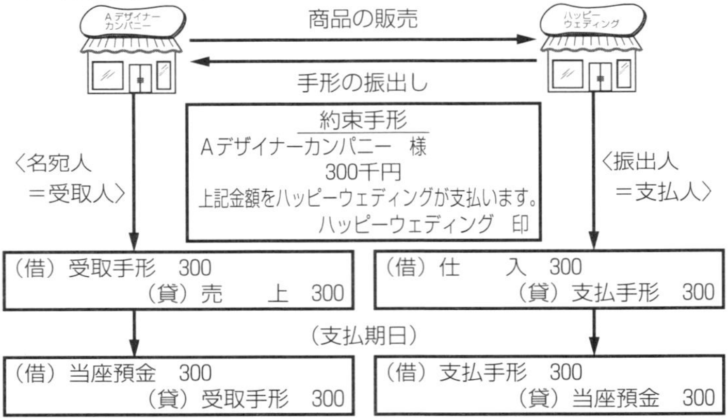

〔約束手形の振出しによる仕入〕

1　仕　入　時

約束手形を振出して，Aデザイナーから，型紙300千円を購入した。

（借）仕　　　　入	300	（貸）支 払 手 形	300

2　支　払　時

約束手形の満期日になり，Aデザイナーは１の約束手形を手形交換所に呈示した。

（借）支 払 手 形	300	（貸）当 座 預 金	300

2. 販売取引

（1）小切手による販売

▨小切手による仕入と同様に処理

「1　仕入取引」(☞P.77) で「商売」を，①モノを購入する行為（商品の仕入），②付加価値を付ける行為（商品の加工），③商品として売る行為（販売活動）の3つに分解しました。今回は，このうち③商品として売る行為（販売活動）についての会計上の処理について考えていきたいと思います。

販売活動のうち，まずは小切手による売上を見ていきましょう。

小切手による仕入の部分でも説明しましたが，小切手とは，当座預金口座を利用した支払手段です。支払った側（商品を購入した側）は，小切手の振出しとともに当座預金を減少させます。一方，受取側（商品を販売した側）では，現金の増加として扱います。なぜなら受取った小切手は，銀行に持っていけば通常はすぐに換金できるからです（支払側では，当座預金口座から即時に引落とされることになります）。

ハッピーウェディングにて

吉田：このドレスはお買得だと思いますよ。しっとりと重みのあるシルクでできているし，デザインはAデザイナーによるものです。

客：いくらですか。
吉田：こちらは30万円です。
客：それではこちらをいただきます。
吉田：ありがとうございます。お支払方法はどうなさいますか？
客：小切手でお願いします。

仕訳

（単位：千円）

1 受取側

ドレスを300千円で販売し，代金を小切手で受取った。

（借）	現金	300	（貸）	売上	300

2 支払側

ドレスを300千円で購入し，代金を小切手で支払った。

（借）	仕入	300	（貸）	当座預金	300

<小切手の見本>

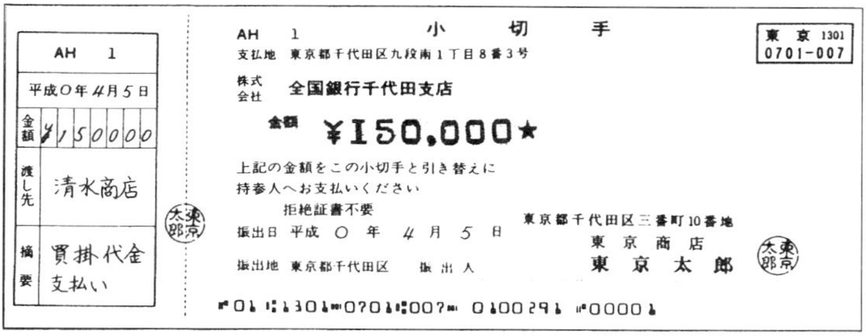

AH 1
平成○年4月5日
金額 ¥150000
渡し先 清水商店
摘要 買掛代金支払い

AH 1 小切手 東京 1301 0701-007
支払地 東京都千代田区九段南1丁目8番3号
株式会社 全国銀行千代田支店
金額 ¥150,000★
上記の金額をこの小切手と引き替えに
持参人へお支払いください
拒絶証書不要
振出日 平成 ○ 年 4 月 5 日
振出地 東京都千代田区
東京都千代田区三番町10番地
東京商店
振出人 東京太郎

01 1301 0701 007 0100291 00001

(2) 掛による販売

(借方)『売掛金』勘定に計上

「1　仕入取引(2)」(☞P.79)のところでも述べたとおり，掛取引には，商品を購入する取引と，商品を販売する取引の両方があります。ここでは商品を販売する取引の会計処理について考えていきます。

掛で販売する場合，その現金の回収は，掛仕入の場合の現金支出と同様に，取引時点(商品販売時)には行われません。そこで掛販売では，仕入の場合の『買掛金』に相当する勘定として，『売掛金』という勘定を用いて(借方『売掛金』)，一定期間後に現金を回収することのできる権利(債権)の発生を表すことになります。そして一定期間後の現金回収時点においては，借方『現金』，貸方『売掛金』の仕訳で，債権の回収を表現することになります(手形による債権の回収がなされることもあります。そのときは，借方『受取手形』，貸方『売掛金』の仕訳になります)。

ハッピーウェディングにて

今日は，社長がレンタルショップに10着のウェディング・ドレスを販売しました。

吉田：今日はどうもありがとうございました。10着合計で300万円になります。

ショップ：はい，わかりました。月末までに請求書を送ってください。当社は，月末締切で翌月末に60日の手形でお支払いすることになっております。

（その後，事務所で）

吉田：月末までに，Bレンタルショップ宛に請求書を送付しておいてください。

鈴木：はいわかりました。掛売りということですね。この場合，帳簿記入だけでなく，得意先元帳で売掛金を管理しなければなりませんね。

社長：なんでそんなこと知っているの。

鈴木：実は内緒でMSスクールという簿記の学校に通っているんです。

＊　上記は，3,000千円で掛売りし，それを後日，受取手形で回収していることを示しています。手形については，『1　仕入取引（3）』（☞P.**82**）を参照してください。

仕　訳

（単位：千円）

1　ドレス10着（総額3,000千円）を，掛で販売した。

（借）売　掛　金　3,000　（貸）売　　　上　3,000

2　翌月末になり，上記1の売掛金を期間60日の受取手形で回収した。

（借）受取手形　3,000　（貸）売　掛　金　3,000

3. 仕訳帳への記入

◎取引→伝票→「仕訳帳」

皆さんは，第一章から始まりここまでいくつかの会計処理（仕訳）を勉強してきました。そこで，実際これらの仕訳は「どこに」，「どのように」記入すればよいのかという疑問をもたれた方もいらっしゃるかと思います。

一般的に仕訳の記入は，まず伝票に行われます。そして，これが「仕訳帳」といわれるものに転記されることになります。

伝票には，「3伝票制」，「5伝票制」という2つの方式があります。3伝票制では，①入金伝票，②出金伝票及び③振替伝票を用いて処理が行われます。一方，5伝票制では，3伝票制の①～③に加えて，④仕入伝票並びに⑤売上伝票を用います

どのように記入するかについては，以下で具体的にみていくことにしましょう。

伝票レス会計システム

最近のコンピューターを用いた会計システムにおいては，伝票を利用しない「伝票レス会計システム」が主流になりつつあります。これはネットワーク上でシステムへの入力→承認→仕訳帳への転記を行うものです。近年の情報システムの革新が，会計に及ぼした大きな影響といえるでしょう。

ハッピーウェディングにて

吉田：ウチの会社も取引の数が多くなってきたから，そろそろ本格的に伝票制度を導入しなければダメかもね。

鈴木：アルバイトを採用して，伝票の記入を任せれば，私はそのチェックをするという役割分担にできますね。

おじ：鈴木さん，それはよいアイデアだね。伝票制にして，君はその検証に専念すれば，もっと正確な会計処理が出来るようになるんじゃないかな。鈴木さんには，経理以外の仕事もやってもらえるようにもなるし。

吉田：では，さっそく伝票制を導入することにしましょう。

伝票の仕組みと記入

ここでは，3伝票制による記入を紹介します。

1　現金による売上が5,000千円あった。

入金伝票	
売上	5,000

←現金の入金（借方『現金』）の仕訳だけを記入する伝票

2　現金による仕入3,500千円がなされた。

出金伝票	
仕入	3,500

←現金の出金（貸方『現金』）の仕訳だけを記入する伝票

3　売掛金500千円について，同額の受取手形で回収した。

振替伝票
受取手形500／売掛金500

←現金の入出金と無関係な仕訳だけを記入する伝票

上記伝票を仕訳帳に転記すると，以下のようになります。

仕　訳　帳

（有）ハッピーウェディング

日付		摘要	借方	貸方
×	1	現　　金	5,000	
		売　　上		5,000
		現金による売上		
	2	仕　　入	3,500	
		現　　金		3,500
		現金による仕入		
	3	受取手形	500	
		売掛金		500
		売掛金の回収		

伝票のメリット

ここまで学習して，なぜ伝票が必要なのか？いきなり仕訳帳に記入する方が効果的ではないか？という疑問をもたれた方がいるかと思います。

確かに会社の経理部においてのみ会計処理を行ったり，すべての人が会計に精通しているのであれば伝票を切る必要など無いと考えることもできます。

しかし，現実的には，業務の分担という観点から，会計処理について，各業務担当部署の方にお願いしなければなりません。そのとき伝票は，出金するときには「出金伝票」，入金するときには「入金伝票」を切ることにより自動的に会計処理ができるため，会計知識のない人でも仕訳を起こすことができる非常に優れたツールです。

この点に取引を仕訳帳に記入する前に伝票を切ることの理由があるのです。

4. 債権回収

（1）債権の回収①（現金回収）

「売掛金」，「受取手形」を現金で回収

「掛」や「手形」で商品を販売した場合，その取引自体は販売で一応完結しますが，最終的に現金を回収するという活動が必要になります。販売しただけで現金を回収できないような場合，その売上は厳密な意味で企業の「儲け」と考えることはできません。なぜなら現金を回収しなければ，販売した商品の仕入代金を支払えないし，従業員の給料も支払えないからです。この意味で「掛」や「手形」での販売を行った場合の現金回収活動は，経営上，販売取引と同じくらいに重要な活動なのです。

約束手形の仕組み

ここでは，約束手形の仕組みについて説明します（手形振出しについては，『1　仕入取引（3）』（☞P.82）の図解を参照）。

図解

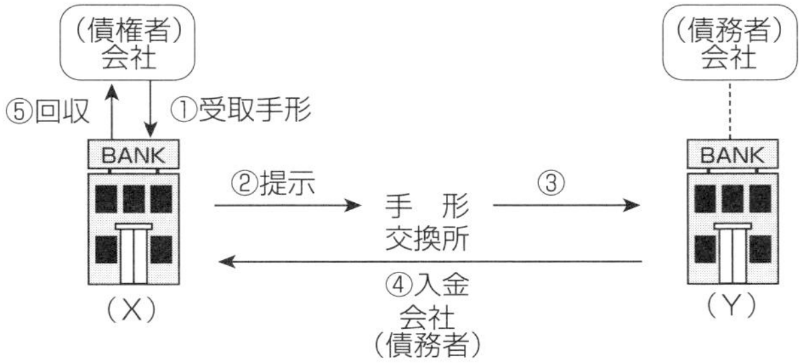

＜説　明＞

当社（債権者）は，①満期日前に当座預金口座を持つX銀行へ手形を引渡して，手形代金の取立てを依頼します。②取立てを依頼された手形は満期日に手形交換所に提示され，③相手方（債務者）の当座預金口座のある銀行Yが持ち帰ることになります。その後，④Y銀行の相手方の当座預金口座から手形代金が引落とされ，⑤X銀行の当社当座預金口座に入金することにより決済されることになります。◢

ハッピーウェディングにて

吉田：レンタルショップがやっと売上代金を払ってくれたわ。鈴木さん，現金100万円を受取ったので処理をしておいてください。

鈴木：はい，わかりました。

仕訳 (単位：千円)

1　得意先のレンタルショップから売上代金のうち現金1,000千円を回収した。

(借)	現金	1,000	(貸)	売掛金	1,000

2　保有する約束手形のうち，1,000千円を現金回収した。

(借)	現金	1,000	(貸)	受取手形	1,000

(2) 債権の回収②(手形の裏書・割引)

▨受取手形を満期日前に現金化

前項では，受取手形により代金決済を受けた場合の仕訳を考えました。しかし，受取手形による代金決済を受けた場合には，実際にこの受取手形が現金により回収されるまでに，1～2ヶ月の期間を要するのが普通です。では，この受取手形が現金化されるまでの間に，会社が現金を支払わなければならなくなった場合，どうすればよいでしょうか？

この場合，手形の裏書と割引という方法が考えられます。

手形の裏書とは，現金などで代金を支払う代わりに受取った約束手形の裏面の所定欄に署名・押印して，他人に譲り渡すことによって支払いをすることをいいます。一方，約束手形の割引とは，手形の満期日前に金融機関に一定の手数料を支払って手形を買い取ってもらうことをいいます。

まめ知識

裏書・割引とは？

手形の裏書とは，簡単にいえば，保有する受取手形を，代金の代わりに会社の債権者に渡すということです。形式上，受取手形という債権を債務者に譲渡するような形になります。通常，債権譲渡を行おうとすると，煩雑な手続が必要になります。そこで手形の裏側に新しい債権者の名前を「裏書」することにより，簡便的に債権の譲渡を行う方法が開発されたわけです。

また，手形の割引は，簡単にいえば，受取手形を満期日より前に現金化することです。なぜ「割引」というかというと，現金化する際には，受取手形の券面額の満額が受取れるわけではなく，一部差引かれた金額だけが現金化されるからです。この差引かれる部分は，割引日から手形の満期日までの間の利息に相当するものです。

つまり，手形の権利者（当社）は，早期に現金化できるメリットを取り，割引側（X銀行）は，その間資金が拘束されるデメリットを負担する代わりに利息相当分を割引料として取るわけです。◢

まめ知識一歩前進!!

偶発債務という考え方

手形を裏書又は割引した後に，その手形が不渡り（手形が満期日に決済されない状態）となった場合は，裏書又は割引を行った当社に支払義務が生じることになりますが，この債務のことを偶発債務といいます。将来一定の事実が起こらない限り支払義務は発生しないので，通常の債務と区別してこのように呼ぶのです。この偶発債務を当社が負っていることを仕訳に反映させるためには，以下の対照勘定を利用する方法と評価勘定を利用する方法とがあります。◢

例示仕訳

〔**対照勘定を利用する場合**（裏書）〕

イ　手形の裏書時

（借）	買掛金	×××	（貸）	受取手形	×××
（借）	手形裏書義務見返	×××	（貸）	手形裏書義務	×××

ロ　手形の決済時

（借）	手形裏書義務	×××	（貸）	手形裏書義務見返	×××

対照勘定を利用する方法では，まず，①手形の裏書又は割引に伴い受取手形勘定を直接減額（貸方『受取手形』勘定）させます。同時に②貸方に手形を裏書又は割引したことによって生じる弁済義務を表す『手形裏書（割引）義務』勘定，借方にその見返りとして『手形裏書（割引）義務見返』勘定という仕訳をたてます。②の仕訳で用いる勘定はともに，負債でも資産でもない勘定です。会社の財政状態を表示するという観点からすると不要な勘定とも言えます。しかし，①の仕訳だけでは，手形を裏書又は割引したことが帳簿上全くわかりません。そこで，この事実を忘れないようにするための備忘記録として，借方と貸方とで対照的な勘定を用いて帳簿に記録するのです。

例示仕訳

〔**評価勘定を利用する場合**（裏書）〕

イ　手形の裏書時

（借）買掛金	×××	（貸）裏書手形	×××

ロ　手形の決済時

（借）裏書手形	×××	（貸）受取手形	×××

一方，評価勘定を利用する方法では，①手形の裏書又は割引を行った際には，受取手形勘定を直接減額することはせず，新たに『裏書（割引）手形』勘定を用いる仕訳だけを行います。この『裏書（割引）手形』勘定は，「偶発債務」であり負債ではありません。手形の裏書又は割引は受取手形の側から見れば，事実上，受取手形は減少しているため，受取手形を貸方側からマイナスしている勘定ということができます。これを称して受取手形を「評価」しているということになるため，『裏書（割引）手形』勘定を評価勘定と呼びます。なお，対照勘定法の②のような仕訳を行わないのは，手形の裏書又は割引の事実を帳簿上で確認できるからです。

ハッピーウェディングにて

先月に仕入れたドレスの代金の支払期日が迫っているが，昨日受領した約束手形を現金として受取れるのは60日後となっているため，代金を支払えません。鈴木さんはどうしたらよいか困っています。

鈴木：社長，来週に支払う資金が足りませんが，どうしたらよいでしょうか？

吉田：レンタルショップから受取った手形がお金だったらなー。

おじ：そのような場合，約束手形を裏書又は割引をすればいい。どちらかの方法によれば満期が到来しなくても，持っている受取手形を支払いに充てることができるよ。

鈴木：なるほど，手形を利用して，いろんなことができるんですね。

仕 訳

（対照勘定法による仕訳）　（単位：千円）

1　裏書を選択した場合

保有する受取手形1,200千円を裏書譲渡して同額の買掛金を決済した。

（借）	買掛金	1,200	（貸）	受取手形	1,200
（借）	手形裏書義務見返	1,200	（貸）	手形裏書義務	1,200

2　割引を選択した場合

保有する受取手形1,200千円を銀行へ呈示して割引いた（割引料は30千円とする）。

（借）	当座預金	1,170	（貸）	受取手形	1,200
	手形売却損	30			
（借）	手形割引義務見返	1,200	（貸）	手形割引義務	1,200

5．必要経費の支払い

（1）必要経費の支払い

◎証憑がない場合は通帳で処理

ここでは，毎月定期的に発生する経費の処理について学習します。毎月定期的に発生する経費とは，どのようなものがあるでしょうか？たとえば，給料，お店の家賃，それから電話料金，コピー機のリース料，水道光熱費などがあるでしょう。

これらの経費は，会社の業績がよくても悪くても，毎月一定額が発生します。毎月定期的に一定額を支払う経費の多くには，請求書などの証憑がないのが普通です。銀行口座から自動引落しされるからです。では，このような経費について，会社は何に基づいて処理すればいいのでしょうか？このような場合，特に請求書などの証憑がないわけですから，通帳に記帳されている金額に基づいて，仕訳を行うことになります。

まめ知識

経費は固定費と変動費からなる

このように会社の営業成績とは，無関係に一定額発生する経費を固定費と呼びます。一方，商品の仕入原価などのように売上高の金額（＝業績）に比例して発生する経費を変動費と呼びます。◢

仕訳 （単位：千円）

銀行口座から電話料金123千円が引き落とされていることを確認した。

（借）電話料金	123	（貸）当座預金	123

（2）後払経費の取扱い

『未払金』，『未払費用』勘定で処理

必要経費のうち，電話，ガス，水道などの公共料金は，当月分翌月払い，つまり「料金後払い」の形式をとっています。また，公共料金以外でも，比較的少額のサービスを受ける場合には，後払いの場合が多いのではないでしょうか。このように必要経費を後払いする場合には，通常の場合には，未払金で処理することになります。

しかし，決算期末においては，これらをすべて未払金で処理することはできません。このとき，まだその支出に伴うサービスを完全に受け終わっていない場合には，未払費用勘定で処理することになります。一方，すでにその支出に伴うサービスを受け終わっている場合には，未払金勘定で処理することになります。

ハッピーウェディングにて

決算期末に水道代の請求書が送付されてきました。

鈴木：吉田社長，水道料金は２ヶ月に一度の後払いになってます。どう処理しましょうか？

吉田：普段は，支払額の全額をその月の経費として計上しても構わないんじゃないかしら。

鈴木：でも，それでは今年分の水道料金が来年の費用になってしまいます。

吉田：なるほど。困ったわね。

おじ：すでに今年中利用した分を来年支払うのだから，期末時点では，未払費用として処理することになる。つまり，

決算期末がきた後で届く請求書に基づいて，仕訳を切ることになるから，忘れないようにしておかなければいけないよ。

仕　訳

（単位：千円）

×1年12月と×2年1月分の水道料金の請求書が，×2年2月5日に届いた。

水道料金請求書
×１年12月分：23,000円
×２年１月分：27,000円
50,000円

なお，当社の会計期間は1月1日から12月31日までである。

1　×1年12月分（×2年2月5日）の仕訳

（借）水道光熱費	23	（貸）未　払　金	23

＊　上記の水道光熱費は，×1年度の費用である。

2　水道料金支払時（×2年2月5日以降）の仕訳

（借）未　払　金	23	（貸）当座預金	50
水道光熱費	27		

＊　上記の水道光熱費は，×2年度の費用である。

（3）前払経費の取扱い

『前払費用』勘定で処理

必要経費のうち，家賃やリース料金などの賃借料などは，当月分前月末払い，つまり「料金前払い」の形式をとっている場合が多いでしょう。

このように必要経費を前払いする場合には，前払費用勘定を用いて処理することになります。

まめ知識

前払金と前払費用

前払金という勘定があります。後払いの場合に，未払費用と未払金という問題があったように，前払いの場合に，前払費用と前払金という問題が生じないのはなぜでしょうか？

これは前払金勘定は，サービスの支出以外を扱う勘定であるからです。皆さんが高価なものを購入する際に支払う前金などを扱うための勘定が前払金勘定なのです。

ハッピーウェディングにて

鈴木：社長に言われたとおり，預金通帳どおりに記帳していたら，支払家賃勘定が，年間13ヶ月分になっちゃいました。

吉田：12ヶ月分が今年の費用（損金）ね。

おじ：それ以外にもいい方法があるよ。【まめ知識】を読んでごらん。

まめ知識一歩前進!!

短期前払費用とは？

前払経費の場合にも，経費の期間のズレが発生してしまいます。

前払経費が銀行口座から引落とされることになっている場合を考えてください。このとき，普通に通帳どおりに記帳していくと，決算月（たとえば３月）には，次期首月（３月決算の会社ならば翌４月分）の家賃が計上されることになってしまいます。

このとき，会計処理としては，２つ考えられます。

１つは，あくまでも損益計算を正確にするために，経費の前払いの部分を「前払費用」として処理する方法です。そして，この前払費用は次期首に，すぐに費用（『支払家賃』）に振替えるのです。これでこの前払部分はめでたく次期の費用となるわけです。

もう１つの方法は，経費の前払いの部分を，法人税法上のいわゆる「短期前払費用」として処理する方法です。この方法では，経常的に発生する費用については，その支払った期間の損金として処理することになります。ただし，この処理方法を行う場合には，一度始めたらずっと続けていくことが条件となります。

では，どちらの処理を採るのがいいでしょうか？

比較的小さな，たとえばハッピーウェディングのような会社の場合には，後者の法人税法に基づく処理の方をお勧めします。記帳するときに支払ベースで考える方が，簡単でわかりやすいからです。

仕訳 (単位：千円)

(第１法) 原則的な処理方法

1 4月分（3月支払い）家賃，100千円を小切手で支払った。

(借) 支払家賃	100	(貸) 当座預金	100

2 決算をむかえ，4月分（3月支払い）家賃を前払費用（「前払家賃」勘定）に振替える。

(借) 前払家賃	100	(貸) 支払家賃	100

3 翌期首になり，前払費用（「前払家賃」勘定）を振戻す。

(借) 支払家賃	100	(貸) 前払家賃	100

(第２法) 法人税法上の処理方法

1 4月分（3月支払い）家賃，100千円を支払った。

(借) 支払家賃	100	(貸) 当座預金	100

(4) リース料金の処理

その期の経費に計上

コピー機，FAX などの事務機器は，購入するよりもリースにする場合が多いでしょう。リースを利用すれば，会社の借入限度枠を超えた資金による設備投資が可能となるからです。

リース資産は，リース料を支払った都度，支払額をその期の経費として処理します。

一方，これらを購入し，固定資産として帳簿に計上する場合には，たとえこれらの資産を割賦購入した場合であっても，代金支払いの都度，その代金を支払った期の費用として処理することはありません。支払代金（＝帳簿金額）は，数年間（＝減価償却期間）にわたって費用として処理されます。

ハッピーウェディングにて

鈴木：事務所においてある FAX とコピー機は，リースしているんですね。通帳を見ると……毎月10日にリース会社にリース料を支払っています。

吉田：リース料の勘定科目は，『支払リース料』でいいはずよ。

おじ：おっ，やる気を出してきたな。

仕 訳

（単位：千円）

リース料として，50千円を支払った。

（借）	支払リース料	50	（貸）	当座預金	50

リース取引

会計上のリース取引には２種類あり，解約不能（ノンキャンセラブル）で，物件から得られるすべての利益を得ると共に，物件に係るコストをすべて支払う（フルペイアウト）ような契約形態のものを「ファイナンスリース」と言います。また，ファイナンスリース以外のものを「オペレーティングリース」と言います。

ファイナンスリースの場合は，基本的に，その固定資産を購入したものとして処理しなくてはなりません。つまり，取得価額相当額を資産として計上し，他の固定資産と同様に減価償却を行っていきます。

しかし，ファイナンスリースのうち所有権が移転しない契約の場合で，中小企業が行うリース取引や，少額なリース取引（リース料総額が300万円以下）については，上記仕訳のようにリース料支払時にその期の経費として処理することもできます。

なお，オペレーティングリースも，上記仕訳と同様にリース料支払時にその期の経費として処理します。

(5) 必要経費の仮払い

仮払金勘定で処理

必要経費の支出が事前にわかっている場合には，実際の支出の前に「仮払い」を行うことがあるでしょう。この場合，とりあえず仮払金勘定で処理することになります。仮払金勘定は資産項目ですので，これを費用として計上（費用化）するためには，実際に係った金額（実費）で精算することが必要となります。

仮払金と立替金

ここでは，旅費の仮払いを取り上げていますが，この他にも仮払金勘定を使って，いわゆる「前払い」をする経費には，接待交際費や消費税などがあります。

また，「仮払金」と似た勘定として，「立替金」勘定があります。仮払金は，会社の経費を会社がとりあえず払った場合に用いる勘定です。一方立替金は，会社外の経費を会社がとりあえず払った場合に用いる勘定です。

通勤定期代の会計処理

通勤定期代も交通費の一種ですが，会社負担部分は，旅費交通費には含めず，人件費の一部として給料手当（役員報酬）として処理します。旅費交通費として処理されるのは，営業活動を行う上で直接的に係った費用だけです。なお，法人税法上10万円までは，人件費として損金に算入することができることになっています。

ハッピーウェディングにて

吉田：明日から大阪に出張しますので，交通費や宿泊費などの諸経費を10万円仮払いしてもらえる？

鈴木：わかりました。はい，10万円です。
おみやげ忘れないでくださいね。
ところで，これについてはどのように処理するんでしょう？
現金を支出しても，いったい交通費がいくらで宿泊費がいくらかわからないんですけど……。

おじ：この場合，素直に一旦仮払金で処理するしかないよ。後日，出張から戻った後に，この仮払いを精算することになるが，そのときに社長がもらってきた領収書などを見て，それぞれ経費として処理すればいいんだよ。

鈴木：なるほど，一旦支出した10万円を，まさに仮払いとして処理しておくんですね。

仕 訳 （単位：千円）

1　旅費交通費の仮払時

出張仮払金として100千円を支払った。

（借）仮　払　金	100	（貸）現　　　金	100

2 精算時

出張から帰ってきて，以下の領収書とともに精算された。

新幹線運賃　東京←→大阪	30,000円
大阪「太陽ホテル」宿泊代金	35,000円

（借）旅費交通費	65	（貸）仮払金	100
現金	35		

出張にかかった旅費交通費（宿泊費を含む）が65千円であった場合，仮払金との差額の35千円は会社に返金され，上記のように仕訳されます。

6. 給与支払い

（1）給与支払時の処理

「給与」に応じた「勘定」で処理

一口に給与といっても，それをもらう人間の立場によって，いろいろな種類があります。そして，会計処理をする場合には，この種類に応じた勘定科目を使う必要があります。

具体的には，会社に雇用されている従業員の給料は，給与勘定で処理します。社長などの役員の給与は（役員）報酬勘定で処理します。また，アルバイトなどの会社外部の人に対する給与は，外注費か雑給として処理することになります。

ハッピーウェディングにて

今日は皆が待ちに待った給料日です。給与の支払いを受けるのは，吉田社長と経理の鈴木さんと外部業者でドレスをデザインしてくれている山本さんです。

鈴木：仕訳は，全員分，給与勘定で処理していいのかな？
吉田：給与勘定で処理できるのは，鈴木さんの分だけよ。社長である私の分は役員報酬，従業員の鈴木さんの分は給与，外部の山本さんの分は外注費として処理してください。では，それぞれの給料を各人の銀行口座に振込んでおいてくださいね。
鈴木：はい。

仕訳 (単位：千円)

1　鈴木さん（従業員）分

鈴木さんに，給料として200千円支払った。

（借）	給与	200	（貸）	当座預金	200

2　吉田社長（会社役員）分

吉田社長に，給料として300千円支払った。

（借）	役員報酬	300	（貸）	当座預金	300

3　山本さん（会社外部）分

山本さんに，外注費として100千円支払った。

（借）	外注費	100	（貸）	当座預金	100

(2) 源泉所得税の計算

▨預り金勘定で処理→社員に代わって納付

給与は，その全額を受取ることはできません。税金（所得税）を支払う必要があるからです。この所得税は，実質的には給与所得者が支払うものですが，形式的には会社が支払うことになっています。つまり，給与取得者個人が納付しなければならない所得税は，会社が給与から差引いて（源泉徴収して），彼らの代わりに納付することになっているのです。したがって，実際に給与所得者に対して支払われるのは，税金を払った残りの部分ということになるのです。

では，これを帳簿上どのように処理をすればいいのでしょうか？源泉所得税は，預り金勘定で処理することになります。つまり，給与支給時に源泉所得税相当額だけ，一旦会社が預かったことにするわけです。

源泉所得税とは？

源泉所得税とは，本来であれば給与を受取った個人が払わなければならない所得税を，給与を支払う側が予め控除して，代わりに税務署に納付する税金のことをいいます。そうすることで，個人の納税申告の手間を省略できると同時に，国は税収を確保することができることになります。◢

まめ知識一歩前進!!

源泉所得税の計算

では，給与から控除される源泉所得税はどのように計算して求めればよいのでしょうか？

源泉所得税は，源泉徴収税額表に基づいて計算します。源泉税額は，役員，従業員などについて支払う報酬，給与によって別途定めがあり，さらに扶養家族などの人数を考慮した上で，この表に基づいて源泉所得税の額を決定します。会社は，今月分の給与から控除した各人の源泉所得税をまとめて，原則として翌月10日までに税務署に納付しなければいけません。

また，外注費の場合は，100万円未満については一律10%となっています。なお，一定の要件を満たせば，源泉税は半年分をまとめて支払うこともできます。

ハッピーウェディングにて

鈴木さんは，各人の給与を口座に振込むために，実際の支払額を計算することになりました。

鈴木：吉田社長の口座に30万円，私の口座に20万円，山本さんの口座に10万円を振込めばいいんですよね，社長。

吉田：鈴木さん，もしかして税金のことを忘れていない？

鈴木：私の口座には20万円全額ではなく，20万円から源泉所得税を控除した残りを振込めばいいんですね。

仕訳 （単位：千円）

（注） 問題条件は，『（1）給与支払時の処理』（☞P.115）の例題と同じとする。

1 給与支払時（たとえば，4月25日）

（借）給与	200	（貸）当座預金	540
役員報酬	300	預り金	60
外注費	100		

鈴木さん（従業員）分の源泉所得税：20千円

吉田社長（役員）分の源泉所得税：30千円

山本さん（会社外部）分の源泉所得税：10千円

2 源泉所得税支払時（たとえば，5月10日）

（借）預り金	60	（貸）当座預金	60

7. 月次の決算

(1) 手許現金の管理①

◎現金出納帳の利用

手許現金は，会社を経営するにあたって，最も重要かつ基本的な管理対象です。なぜなら，手許現金の管理を怠れば，無駄な支出が行われるかもしれませんし，最悪の場合には，現金管理者による私消などの「不正」の発生の危険が高まるからです。

では，手許現金はどのように管理するとよいのでしょうか？

手許現金の管理については，現金出納帳という管理台帳を作成して管理するのが一般的です。この台帳に現金の出入りを記入して，定期的に実際の手許現金の残高との照合を行います。

まめ知識一歩前進!!

あるべき管理体制の構築

手許現金を管理しようとする場合，①現金出納帳に現金の出入りを記入して，②定期的に実際の手許現金の残高との照合を行うと述べました。しかし①，②が同一人物によって行われるとしたらどうでしょうか？「やらないよりやった方がいい」という意見は正解ですが，これでは当初意図したような「不正」の発見には無意味とならざるを得ません。

最低でも①と②が別々の担当者（②は①よりも上位の者）で行われることが必要でしょう。

ハッピーウェディングにて

鈴木：先ほどＹ銀行で10万円を普通預金からおろしてきました。そのお金で文房具をまとめ買いしたら，合計で１万２千円でした。

吉田：ありがとう。現金出納帳の記入を忘れないでね。週末には実査をするわよ。

鈴木：えーーっ，私を信用してないんですか？

吉田：お互いのためよ。
私が実査することで，あなたの責任は解除されるわけなんだから。

鈴木：冗談ですよ。
確かに社長のおっしゃるとおりだし，それに私がちゃんと仕事をしていることを確かめてもらえるわけだからうれしいです。

【現金出納帳】　（単位：千円）

月日	相手科目	摘　　要	収入金額	支出金額	差引残高
／	普通預金	Ｙ銀行より引き出し	100		100
／	消耗品費	文房具の購入		12	88
／	………	………………			
／	………	………………			
			×××	×××	×××

＊　一般的には，上記のような科目を設けて，現金の収入・支出及び残高を記入します。

金種表とは？

下記のような表を作成して，表に数字を埋めながら現金を数えると，金額が大きい場合でも，正確に現金を数えられます。

金　種　表　　××月××日

金種		単価	数量	金額
紙　幣	10,000	10,000円	8	80,000円
	5,000	5,000円	2	10,000円
	1,000	1,000円	7	7,000円
	500	500円	2	1,000円
コインロール	500	25,000円	2	50,000円
	100	5,000円	5	25,000円
	50	2,500円	1	2,500円
	10	500円	2	1,000円
	5	250円	1	250円
	1	50円	1	50円
硬　貨	500	500円	15	7,500円
	100	100円	6	600円
	50	50円	4	200円
	10	10円	9	90円
	5	5円	3	15円
	1	1円	4	4円
小　計				185,209円
その他　小切手（得意先振出）			1枚	20,000円
合　計				205,209円

(2) 手許現金の管理②

◎現金が一致しないときの暫定的処理

手許の現金と現金出納帳の現金残高が一致しない場合が考えられます。

このような場合，差額を現金過不足勘定を用いて処理することになります。具体的には，現金出納帳に差額を加減算させる際の相手勘定として現金過不足勘定を使うことになります。この結果として，実際の手許現金の残高と現金勘定残高は一致することになります。

この差額の部分については，後にその理由を解明する必要があります。現金過不足勘定は，差額の理由を解明するまでの経過的措置と考えてください。

しかし場合によっては，その理由が決算の締め日までに判明しない場合もあるでしょう。そのような場合には，損益を確定しなければならないため，現金過不足勘定を損益に振替える処理が必要になってきます。実際有高の方が多い場合には，雑収入として，少ない場合には，雑損失となります。

ハッピーウェディングにて

吉田：何度数えても，現金出納帳の残高と一致しないわ。鈴木さん，帳簿の記入で忘れているものがないかしら？

鈴木：もう一度確かめてみます。

吉田：お願いします。
とりあえず，どのように処理しておけばいいかしら。

おじ：一致しなかった場合は，差額を現金過不足勘定を用いて処理するんだよ。具体的には，現金出納帳に差額を加減算させて，実際の手許現金の残高に合わせるんだ。

吉田：なるほど。帳簿の数字を実際の残高に合わせてしまうのね。しかし，現実に不足するようなことがあったら大変ですね。

おじ：そうだね。そうならないように経理さんがしっかり管理しなければならないね。

仕　訳

（単位：円）

1　期中における仕訳

①　実際の現金残高が帳簿上の残高よりも100円少ない場合

（借）現金過不足（資産項目）　100　（貸）現　　金　100

②　実際の現金残高が帳簿上の残高よりも100円多い場合

（借）現　　金　100　（貸）現金過不足（負債項目）　100

2　決算期末における仕訳

①　実際の現金残高が帳簿上の残高よりも100円少ない場合

（借）雑　損　失（費用項目）　100　（貸）現金過不足（資産項目）　100

② 実際の現金残高が帳簿上の残高よりも100円多い場合

(借)	現金過不足 (負債項目)	100	(貸) 雑収入 (収益項目)	100

(3) 在庫の管理を始めよう

▒商品有高帳を利用する

商売が軌道に乗ってくると，商品の在庫管理が必要になってくるでしょう。売れない商品を大量に作ってしまったり，売れる商品の在庫が切れてしまったりしていては，大きな損失を被ったり，せっかくの収益のチャンスを逃すことになってしまうからです。

在庫管理は具体的には，商品有高帳というものを作成して行います。商品有高帳とは，仕入れた日付・商品の種類・数量によって商品在庫を管理する帳簿のことをいいます。このほかに仕入金額を記入できれば，会計数値との関連づけができるようになり，さらに詳細な管理が可能になります。また，パソコンの表計算ソフトなどを利用すれば，商品有高帳を効率よく作成できるでしょう。

図解

商品有高帳

商品A ←（商品ごとに作成する）

×年	摘要	受入			払出			残高		
		数量	単価	金額	数量	単価	金額	数量	単価	金額

①商品の受入 ↑（購入時の原価で記入する）

②商品の販売（払出） ↑（売価ではなく，購入時の原価で記入する）

在庫商品（①－②） ↑（手許にある商品の原価が記入される）

ハッピーウェディングにて

吉田：次の仕入れや，販売をするうえで，会社にあるドレスの種類，数量，金額を把握しておく必要があると思うのですが，何かいい方法はないかしら？

おじ：おっ，いいところに目を付けたね。在庫の管理は，会社の運営にとって非常に重要なことなのでしっかり行わなければならないよ。まずは商品有高帳というものを作成して見ることだね。そしてこの帳簿に，仕入及び売上の仕訳と同時に，商品の受入れと払出しを記入していくと，常にそのときどきの在庫を把握できることになるよ。

	仕　訳	商品有高帳
商品の仕入	仕入／買掛金	受入欄に記入
商品の売上	売掛金／売上高	払出欄に記入

商品在庫の会計処理

商品の売上原価及び期末棚卸高の算定方法には，以下の２つがあります。

⑴　継続記録法

⑵　たな卸法

⑴　継続記録法

継続記録法とは，商品の入庫及び出庫と同時に商品の出し入れを商品有高帳上に記入していく記帳方法です。この記帳方法によれば，常にその時点での在庫量が把握できますが，商品の一部が無くなってしまうような場合（棚卸減耗）には，商品の帳簿上の残高と実際の在庫量に差が発生し，帳簿が実際の残高を示していないことになるという欠点があります。したがって，実際の残高を把握するためには，実地棚卸を行わなければなりません。このとき帳簿残高と実地棚卸高の間に差異があれば，これを棚卸減耗費として処理することになります。

⑵　たな卸法

たな卸法とは，原則として商品有高帳を用いない方法であり，商品の入庫時に帳簿記入を行い，出庫時には特に帳簿記入を実施せず，会計期間の終了時（＝決算時）に，商品の実地棚卸によって把握した数量をもって商品の帳簿残高とする記帳方法です。この記帳方法によれば，期中には商品の在庫量が把握できないという欠点がありますが，棚卸減耗などが発生しても，期末に帳簿上で商品の実際の在庫量を把握することができます。また，売上原価は，期首と期末の商品在高と期中の仕入高から逆算して算定することになります。したがって，棚卸減耗費と売上原価を分離することができないという欠点もあります。◢

商品在庫の評価方法

期末棚卸商品は，一般的には，個別法・総平均法・移動平均法・先入先出法・後入先出法（平成22年４月開始事業年度より廃止）に基づく原価法か低価法により評価されます。原価法を採用した場合，上記のうちのいずれかの方法により算定された単価により評価します。低価法を採用した場合，上記のうちのいずれかの方法により算定された単価と期末時の時価を比較していずれか低い方の単価によって評価します。

上記以外にも，売価還元法と最終仕入原価法という方法があります。

売価還元法を採用する場合，期末商品の売価合計額に一定の原価率を適用して評価します。取扱い品種の極めて多い小売業及び卸売業において採用されている評価方法です。また，法人税法上，最終仕入原価法の採用も認められています。最終仕入原価法を採用した場合には，その決算期の最後の仕入時の仕入単価により評価します。したがって，期中の仕入単価を記録しておく手間が省けるため，もっとも簡便的な評価方法として，比較的多くの中小企業で採用されています。

（4）債権・債務残高の把握

◎債権・債務は得意先元帳などの補助簿で

債権・債務のうち，会社にとって重要性のある勘定としてまず思い浮かぶのは，債権としては受取手形，売掛金，債務としては支払手形，買掛金ではないでしょうか。このうち受取手形及び支払手形については，「手形」の形態をとっているため，その残高を把握するためには，手形自体を数えるという方法で行うことも可能です。しかし，売掛金及び買掛金については，帳簿上だけの債権・債務ですので，「手形」のように「実物」というものが存在しないことになり，どの相手方に対してどれだけの残高があるのかを正確に把握することが難しくなります。

そこで，総勘定元帳などの主要簿以外に補助簿の作成が行われることになります。売掛金の残高を把握するためには，「得意先元帳」が，買掛金の残高を把握するためには，「仕入先元帳」が作成されることになります。そして，これらをそれぞれ得意先ごと，仕入先ごとに作成することで，その残高を逐次把握することが可能になります。

現代の「得意先元帳」，「仕入先元帳」

「得意先元帳」，「仕入先元帳」といっても何も難しいことはありません。それぞれ得意先ごと，仕入先ごとに勘定を分解して記入するだけです。実際，特に補助簿を設けることなく，得意先，仕入先ごとに，たとえば○×商店売掛金，××工業買掛金といった勘定を設けて処理する方法も考えられます。最近のパソコンを利用した会計処理では，むしろ後者の処理の方法が主流になっています。そこでは，相手先ごとにそれぞれコードナンバーを割りあてて，そのコードナンバーごとに，すべての債権・債務の状況が把握できるようになっているのが一般的です。

ハッピーウェディングにて

吉田：鈴木さん，ソフトウェア会社のマイクロ・オフィスの社長さんが，先月のドレス代金の支払いについては，ソフトの未払代金と相殺してくださいとのことなのでよろしくね。

鈴木：ソフトの代金を差引いたドレスの請求書を出すわけですね。でも困ったな，一体いくら請求すればいいのかな？

おじ：そういうときは，得意先元帳と仕入先元帳を作ってみることだね。得意先ごと，仕入先ごとに債権・債務残高を把握することができるよ。

鈴木，吉田：さっそく教えてください！！

得意先元帳・仕入先元帳への記入 (単位：千円)

<得意先元帳の記入>

5／1：マイクロ・オフィス社に対する売掛金の前月末残高は，550千円であった。

5／5：マイクロ・オフィス社へドレス250千円を販売した。

5/19：マイクロ・オフィス社から，代金の一部300千円を，現金で回収した。

5/22：マイクロ・オフィス社社長の申し入れで，同社から購入した未払いのソフト代金120千円とドレス代金を相殺すると同時に，残額を現金で回収した。

5/30：マイクロ・オフィス社に対して，新たにドレスを325千円販売した。

5/31：月末になったので，一旦帳簿を締めきった。

得意先元帳

マイクロ・オフィス（株）

日付		摘要	借方	貸方	貸借	残高
5	1	前月繰越	550		借	550
	5	売上	250		〃	800
	19	現金回収		300	〃	500
	22	未払金と相殺		120	〃	380
	〃	現金回収		380	—	0
	30	売上	325		〃	325
	31	次月繰越		325		
			1,125	1,125		
6	1	前月繰越	325		借	325

<仕入先元帳の記入>

5／1：スター社に対する買掛金の前月末残高は，700千円であった。

5／2：スター社からドレス用生地310千円を購入した。

5/15：スター社へ，代金260千円を手形で支払った。

5/28：スター社へ，代金150千円を現金で支払った。

5/31：月末になったので，一旦帳簿を締めきった。

仕入先元帳

スター（株）

日付		摘要	借方	貸方	貸借	残高
5	1	前月繰越		700	貸	700
	2	仕入		310	〃	1,010
	15	支払手形	260		〃	750
	28	現金	150		〃	600
	31	次月繰越	600			
			1,010	1,010		
6	1	前月繰越		600	貸	600

第三章

営業2ヶ月目

1．営業車両の購入

資産価額の範囲

車両を購入する際，車両本体価格のほかに，自動車税，自動車保険料や登録費用などを支払います。これらの費用のうちどの部分が「付随費用」として車両の資産価額に算入されることになるでしょうか？（付随費用の詳細については，『第二章　1　仕入取引』(☞P.77）を参照のこと）

この場合，資産価額に含まれるのは，登録費用など(注)の，車両の取得と不可分の部分のみになります。そして，残りの自動車税は「租税公課」として，自動車保険料は，「保険料」として処理されます。

（注）　登録費用などには，車庫証明費用，整備費用，納車費用などを含みます。

ハッピーウェディングにて

営業員：こんにちは。この度はありがとうございます。見積書を持って参りました。

吉田：ずいぶんサービスしてくれたわね。

営業員：はい。ハッピーウェディングさんとは，今後も仲良くしていただきたいので。

吉田：ガソリン満タンにして持ってきてくれたら仲良くしてもいいわよ。

営業員：社長〜〜。あきんどですな〜〜〜。

仕 訳

（単位：千円）

以下の見積書に基づき，現金で車両を購入した。

カルーマワゴンお買い上げ計算書

車両本体価額	998,000円
車庫証明費用	15,000円
整 備 費 用	30,000円
納 車 費 用	サービス
合　　　計	1,035,000円

（借）車　　両	1,035	（貸）当 座 預 金	1,035

2. 消費税の処理

「仮払い」,「仮受け」処理して相殺

常日頃買い物をする際に消費税を支払うことが，全く違和感のないものになってきました。消費税を負担する消費者としては，消費税込みで価格を考える習慣が身についてきたということでしょう。立場を変えて，消費税を納付する会社ではどうでしょうか。

会社では，消費税を納付するにあたって，自分たちが支払った消費税と受取った消費税を相殺します。そして，支払った消費税の方が多ければ，その分を国と地方から返してもらえることになります。一方，受取った消費税の方が多い場合には，国と地方に消費税を納付することになります。

このため会計処理は，支払った消費税は「仮払い」扱いにしておき，受取った消費税は「仮受け」扱いにしておくことになります。そして会計期末時点において，両者を突き合わせて，消費税額を申告することになります。

まめ知識

「区分方式」と「税込み方式」

消費税の処理方法としては，最初にあげた消費税を「仮払い」,「仮受け」処理する「区分方式」以外にも，消費税込みですべての金額を処理する「税込み方式」という処理方法もあります。しかし,「税込み方式」は，決算期末において消費税額を把握することが難しいことや,「区分方式」を採用する企業の方が多いことなどから，ここではすべて「区分方式」で解説していきます。

まめ知識一歩前進!!

免税事業者とは？

消費税は，会社の規模によっては納付する必要のない場合があります。免税事業者となるためには，その課税期間の「基準期間」における課税売上高が1,000万円以下であることが条件になります。「基準期間」とは，簡単にいうと，課税期間を当期とするとその前々事業年度一年間をいいます。

まめ知識一歩前進!!

非課税取引とは？

消費税はすべての取引にかかるわけではありません。消費税のかからない取引を，非課税取引といい，消費税法上，以下の取引が非課税取引とされています。

消費に負担を求める税の性格から，課税の対象とすることになじまないものとして非課税とされたもの	1．土地の譲渡，貸付
	2．有価証券，支払手段の譲渡
	3．利子，保険料など
	4．切手，印紙などの譲渡
	5．商品券，プリペードカードなどの譲渡
	6．国，地方公共団体などの行政手数料
	7．国際郵便為替，外国為替など
社会政策上の配慮に基づいて，非課税とされたもの	1．社会保健医療など
	2．一定の社会福祉事業など
	3．一定の学校の入学金，授業料など
	4．助産
	5．埋葬料，火葬料

	6．一定の身体障害者用物品の譲渡，貸付など
	7．教科用図書の譲渡
	8．住宅の貸付

未来のハッピーウェディングにて

吉田：早いもので創業から５年。やっと年間売上高が1,000万円を超えるところまでやってきたわ。

おじ：そうなると，ハッピーウェディングも再来年には消費税の納税義務者になるよ。今から会計処理について勉強しておく必要があるな。

鈴木：MS スクールでもう勉強してきました。任せて下さい。

おじ：鈴木さんもすっかり経理部長として，頼れる存在になったなー。感心感心。

仕　訳 （単位：千円）

1　仕　入　時

掛で，315千円（税込価格）の型紙を購入した。

（借）	仕　　　入	300	（貸）買　掛　金	315
	仮払消費税	15		

＊　消費税額：315÷（100%＋５%）×５%＝15

2　売　上　時

ドレス１着240千円（税抜価格）を，掛で販売した。

(借) 売　掛　金	252	(貸) 売　　　上	240
		仮受消費税	12

＊　消費税額：240×５％＝12

3. 宣伝で売上アップ！？

◎資産か費用か？効果の持続期間で判断

商売を始めたら，より多くの人にその存在を知ってもらい，お店に来てもらいたいと考えるのが普通ではないでしょうか。そうなると新聞にチラシを入れたり，お店の前に看板を付けてみたりすることになるでしょう。

では，これらの広告宣伝に係るコストは，会計上どのように処理されることになるでしょうか？

実は同じ広告宣伝に係る費用でも２つの処理が考えられます。それは費用（損金）処理と固定資産処理です。広告宣伝といえども，その効果がチラシのように一時的なものと，看板のように長期間のものが存在するからです。効果が一時的なものは，その実施時に費用（損金）処理することになります。

問題は効果が長期間にわたるものです。これらは原則として固定資産として処理されることになります。固定資産とは，１年以上の長期にわたって会社の経営活動に利用される資産です。したがって，この条件に該当するものは原則として費用（損金）として処理することはできません。ただし，減価償却資産のうち金額が10万円未満の「少額資産」に該当するものについては，広告宣伝実施時に費用（損金）処理することができます（『第一章　2　開業準備(2)』（☞P.71）参照）。

ハッピーウェディングにて

吉田：宣伝のために，折り込み広告をして，さらに，お店の前に看板を立てることにしたわ。折り込みチラシ代として15万円，看板代として25万円を支払っておいてください。これが請求書よ。

鈴木：はい，わかりました。
チラシ代は，経費処理をして………と。
あれっ？看板はずっと使うわけでしょ。
どうやって処理するのがいいでしょうか？

吉田：看板は来年以降も使っていく予定だし，代金も10万円以上なので，固定資産として計上してください。

鈴木：なるほど！さすが社長。

仕　訳

（単位：千円）

1　新聞チラシ代として150千円を支払った。

（借）広告宣伝費	150	（貸）当座預金	150

2　看板代として250千円を支払った。

（借）器具・備品	250	（貸）当座預金	250

4. 資金の借入れ

◎銀行借入れは「借入金」計上

事業の拡大を考えるとき，最初に必要となるのはやはり「資金」でしょう。この資金を調達するための手段として，大企業であれば，株式を公開して証券市場から調達することも考えられますが，より一般的なものとして，銀行からの借入れがあります。

しかし，借入れを行うとしても，銀行へ申込みをして，すぐに借入可能というものではありません。銀行の厳しい審査を受けなければならないからです。審査の内容は，各銀行によってさまざまですが，最低限度必要な書類として，①財務諸表，②返済計画（資金繰り状況）及び③経営計画の提出は求められます。また，借入れに際して土地や建物などの担保の提供や，社長や会社関係者による人的保証を求められることもあります。これらが総合的に審査され，銀行にとって，融資対象としてふさわしいとされた会社のみが借入れすることができるのです。

まめ知識

資金繰り表とは？

借入れの必要性の検討や返済計画を作成するにあたって，資金繰り状況を把握するために，資金繰り表の作成が必要になります。しかし，資金繰り表といっても，定まった形式があるわけではありません（現実に銀行借入れを行おうとした場合には，状況に応じて必要とされる記載事項があります）。要は，資金の「入り」と「出」から，現在と将来予想される会社資金の状況が見られればいいのです。現金ベースで試算表を作成する感覚で，資金の「入り」と「出」を対比させれば，それが資金繰り表になります。現金ベースがポイントです。

ハッピーウェディングにて

鈴木：社長，大変です。今銀行に行って来たんですけど，このままですと月末には，預金口座が赤残になってしまいます。

吉田：薄々気づいてはいたけど……，ついにこの日がきたわね……。

おじ：気を落としている場合ではないぞ。きちんとした資料をそろえれば，銀行からの借入れも可能なはずだよ。

吉田：そうね。わが社の財務諸表を見れば，ハッピーウェディングが投資対象としていかに魅力的か，銀行にもわかってもらえるはずだわ。

おじ：その息だ！財務諸表，返済計画，経営計画を準備して，さっそく銀行に融資の申込みに行っておいで。

吉田：なるほど，今日までおじさんが厳しく指導してくれた成果を見せるときがきたのね。

仕訳 （単位：千円）

1　銀行から5,000千円を借入れた。

（借）	当座預金	5,000	（貸）	借入金	5,000

2　利払日が到来し，銀行に対して利息10千円を支払った。

（借）	支払利息	10	（貸）	当座預金	10

3　償還日が到来したので，銀行へ借入金500千円を返済した。

（借）	借入金	500	（貸）	当座預金	500

第四章

決算整理事項

はじめに

第一章から第三章までは,「主に」いわゆる「期中」における会計処理のお話をしてきました。しかし,経営成績や財政状態を確定するためには,「期中」の処理以外に,「決算整理」といわれる,特別な処理を行う必要があります。決算整理のポイントは,まず企業の損益を確定させる手続であるという点です。「損益を確定させる結果,誘導的に財政状態が決定される」という感覚をいつも頭の中においておくと,決算整理をよりよく理解できるでしょう。

この項の最初に,「主に」と書いたのには理由があります。実は説明の便宜上,期中の処理の中で,一部決算整理に係わる処理をすでにご紹介しています。『第二章　5　必要経費の支払い（2),（3)』(☞P.105～),『第二章　7　月次の決算（1)』(☞P.120）がそれです。本項の学習とあわせて,該当個所も参照してください。

それでは,決算整理を行って,ハッピーウェディングの1年を締めくくりましょう。

1．商品の決算整理

◎売上原価＝前期の在庫＋当期仕入れた商品－当期の在庫

商品の決算整理とは，売上原価を決定することです。では，売上原価は，どのように計算されるでしょうか？

まず，仕入れた商品が売上原価の計算に入ってくることは当然でしょう。しかし，仕入れた商品がすべて売れるわけではないので，仕入れた商品の中から，売れ残った部分である「期末在庫」を差引く必要があります。また，その会社が二期目以降であれば，前期の「期末在庫」が存在するでしょう。この前期の在庫は，「当期」が「前期」から商品を仕入れたようなものですから，当期に仕入れた商品に加算されることになります。

つまり売上原価は，「前期の在庫＋当期仕入れた商品－当期の在庫」で計算されます。

ハッピーウェディングにて

吉田：会社を設立してから，はや1年か……。あっというまだったわね。

おじ：後は大事な決算整理だね。

鈴木：決算整理ならもう始めています。でも売上原価の計算のところで，考え方はわかるんだけど，仕訳が思いつかないんです。

おじ：そういうときは，T勘定やボックスを書くとわかりやすいよ。

どれ書いてやろう。

鈴木：最後までよろしくお願いします。

（注） 以下の説明は，記帳方法として3分法を採用し，かつ仕入勘定で売上原価を算定する方法を採用している場合を前提としている。

T勘定で考えよう！

仕入勘定に

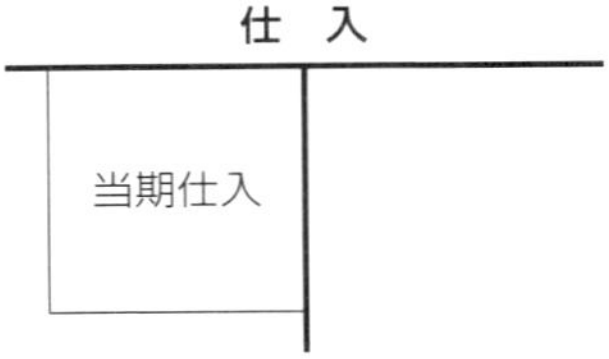

期首の在庫を加算して，　期末の在庫を減算すると

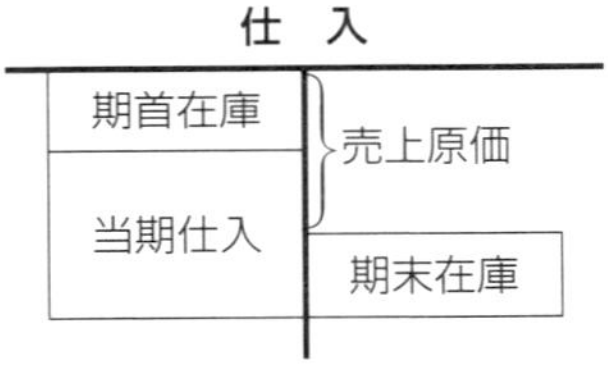

売上原価が計算されます。

仕訳にすると，

イ　期首の在庫を加算

（借）仕　　入	××1	（貸）繰越商品	××1

＊　在庫は，通常「繰越商品」勘定を用いる。

＊　××1は，期首在庫金額を表す。

□　期末の在庫を減算

(借) 繰越商品	××2	(貸) 仕　入	××2

＊　××2は，期末在庫金額を表す。

となります。

では，次に具体的に数字を入れて仕訳をみてみましょう。

仕　訳

(単位：千円)

会社の決算整理前試算表は，以下のとおりであった。また，期末の商品在庫は，500千円である。

試算表

繰越商品	350	売 上 高	37,500
仕　　入	20,650		

1　当期仕入に期首の在庫を加算する仕訳

(借)	仕　　入	350	(貸)	繰越商品	350

2　当期仕入と期首の在庫の合計から，期末の在庫を減算する仕訳

(借)	繰越商品	500	(貸)	仕　　入	500

3　上記1，2の結果，仕入勘定の数値（売上原価）は，以下のようになります。

仕　入

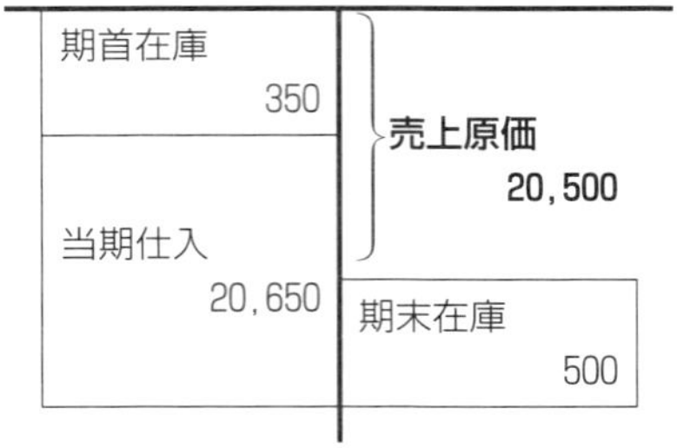

2. 固定資産の決算整理

◎固定資産は減価償却で費用化

固定資産の決算整理とは，固定資産の減価償却費を算定することです。減価償却費とは，固定資産購入のために要した支出額のうちの一部分を費用として計上したものです。

減価償却費を計算するためには，計算に先立って，取得原価，耐用年数，残存価額及び計算方法を決定する必要があります。

取得原価とは，固定資産購入のために要した支出額のことです。これについては，すでに『第一章　2　開業準備（2)』（☞P.71），『第三章　1　営業車両の購入』（☞P.134）で学習してきたとおりです。次に耐用年数とは，その固定資産を利用する期間のことです。また残存価額とは，耐用年数経過後の最終的な処分価値を表します。「下取価額」というとわかりやすいでしょうか。最後の計算方法には「定額法」，「定率法」といった方法のうち1つを選択することになります。

固定資産のうち，有形固定資産については，定額法，定率法のほか，生産高比例法などを用いて計算します。無形固定資産や投資等に含まれる税法上の繰延資産は，定額法により計算します。この場合，残存価額はゼロとして計算します。

減価償却方法について

代表的な減価償却方法を，以下にご紹介します。

定額法

固定資産の耐用期間中，毎期均等額の減価償却費を計上する方法

$$減価償却費 = \frac{取得価額}{耐用年数}$$

定率法

固定資産の耐用期間中，毎期期首未償却残高に一定率を乗じた減価償却費を計上する方法

減価償却費　＝　期首未償却残高×減価償却率

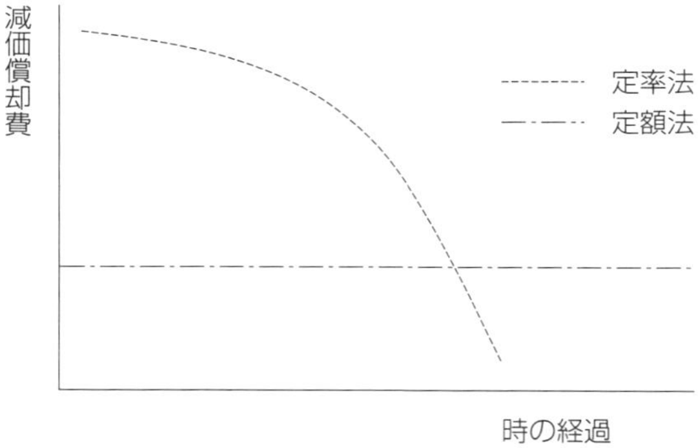

ハッピーウェディングにて

吉田：そういえば，机を買ったときや看板をつけたときに話がでた減価償却ってしなくてもよいのかしら？

おじ：減価償却は，決算整理でするんだよ。

吉田：では，さっそく…………。でも耐用年数と残存価額はどうすればよいのかしら？

おじ：理論的には，その資産の性質や会社ごとに異なる使用方法を考慮して，経営者が決めるべき問題なんだが，実務上は，法人税の申告上，法人税法に基づく耐用年数と残

存価額を採用することが一般的だよ。

吉田：なるほど。では鈴木さん，法人税法の固定資産の部分から条文を引いてもらえますか？

鈴木：はい。

仕　訳

（単位：千円）

『第一章　2　開業準備（2）』（☞P.71）で購入したパソコンについて減価償却を実施する。

1　参考として，資産計上時の仕訳を再度示すと次のようになります。

（借）器具・備品	300	（貸）現金預金	300

2　耐用年数は，法定耐用年数表より，器具備品，電子計算機として，4年となります。

したがって，仕訳は次のようになります。

<間接法による仕訳>

（借）減価償却費	75*	（貸）減価償却累計額	75

<直接法による仕訳>

（借）減価償却費	75*	（貸）器具・備品	75

＊：300÷4年＝75

3. 債権の決算整理

◎債権の決算整理＝債権の評価

債権の決算整理とは，期末の債権残高に対して，貸倒引当金の設定をすることです。貸倒引当金とは，会社の有する債権が回収できない場合（貸倒れ）を考慮して，その回収不能額を見積もり計上したものです。

貸倒引当金の具体的設定方法としては，各取引相手別の債権について個別的に貸倒引当率を算定して，引当金を設定する方法（いわゆる法人税法上の債権償却特別勘定）と，債権残高全体に対して，一定の貸倒引当率を適用する方法があります。

貸倒引当率については，法人税法上，資本金の金額の大きさに応じて異なる取り扱いになっています。資本金が１億円超の大企業では，直前３期の貸倒実績をベースに会社ごとに決めた貸倒率を用いることになります。一方，資本金が１億円以下の中小企業においては，大企業と同じ方法によることのほか，法定繰入率によることが例外的に認められています。またこの場合，特例として法定繰入率による繰入額の116%まで，繰入れられることになっています。

＜参考資料＞

法定繰入率表	
1．卸売業及び小売業	10/1000
2．製造業	8/1000
3．金融及び保険業	3/1000
4．割賦販売小売業	13/1000
5．１～４以外の事業	6/1000

まめ知識

貸倒引当金の会計処理方法

貸倒引当金の期末時の会計処理は，差額補充法といわれる方法で処理します。差額補充法とは，期末時点の引当金残高と当期に計上すべき引当金との差額部分だけ，当期に繰入る方法です。具体的な仕訳については，下記の 仕訳 を参照してください。◢

ハッピーウェディングにて

鈴木：社長，残りは貸倒引当金の設定だけです。貸倒引当金の繰入率としては，何を採用しますか？

吉田：ウチの会社は，零細企業だし，初年度ということもあるから，法定繰入率を使いましょう。

鈴木：そうすると，引当率は10/1000ということになりますね。

吉田：１％の引当か………。まあ妥当な比率じゃないかしら………。

仕　訳 （単位：千円）

当社の売上債権残高は，以下のとおりであり，決算に際し，同残高に対して１％の引当金の設定を行うことになった。

売掛金期末残高	3,250
受取手形期末残高	1,250
	4,500

1　当期の仕訳

（借）	貸倒引当金繰入額	45	（貸）	貸倒引当金	45

＊　4,500×１％＝45

2　次期に売掛金５千円の貸倒れがあった。

（借）	貸倒引当金	5	（貸）	売掛金	5

3　次期の期末をむかえた（次期に50千円の貸倒引当金を繰入れると仮定している）。

（借）	貸倒引当金繰入額	10	（貸）	貸倒引当金	10

＊　50－（45－５）＝10

4．精算表の作成

決算整理は精算表上で

期末の決算整理を行う際に，精算表といわれる決算整理を行うための「表」を利用すると，より簡単に最終的な貸借対照表及び損益計算書が作成できます。

精算表は，パソコンを利用される方であれば，表計算のソフトウェアの画面を想像していただけるとわかりやすいと思います。精算表は，一番左に，決算整理前残高試算表が記入され，その右隣に決算整理事項を記入することで，最終的に，その右隣に損益計算書，貸借対照表を作成するものです。このように一番左の決算整理前残高試算表から右へ，各勘定の数値を加減算することで，最終的な損益計算書及び貸借対照表を作成することができるというのが精算表のポイントです。

精算表の４つの記入には，それぞれ借方と貸方がありますから，このような形式の精算表を８桁精算表と呼びます（精算表には８桁精算表以外にも，損益計算書の前（左隣）に決算整理後残高試算表を作成する10桁精算表もあります）。

それでは，具体的に精算表を見ていきましょう。

（単位：千円）

勘定科目	決算整理前残高試算表		決算整理事項		損益計算書		貸借対照表	
	借方	貸方	借方	貸方	借方	貸方	借方	貸方
現預金	120			① 2			118	
受取手形	365						365	
売掛金	735						735	
繰越商品	125		③197	③125			197	
備品	575			④115			460	
車両	1,035			④170			865	
電話加入権	108						108	
差入保証金	1,200						1,200	
開業費	260			⑤ 52			208	
支払手形		125						125
買掛金		250						250
借入金		500						500
資本金		3,000						3,000
未処分利益		140						140
売上高		2,260				2,260		
受取利息		25				25		
仕入	1,247		③125	③197	1,175			
販売費	425				425			
一般管理費	77				77			
支払利息	28			⑥ 10	18			
合計	6,300	6,300						
現金過不足			① 2	① 2				
雑損失			① 2		2			

貸倒引当金繰入額			② 11		11			
貸倒引当金				② 11				11
備品減価償却費			④115		115			
車両減価償却費			④170		170			
開業費償却費			⑤ 52		52			
前払費用			⑥ 10				10	
当期利益					240			240
合計			684	684	2,285	2,285	4,266	4,266

仕訳

(単位：千円)

① 現金の決算整理（(☞P.122)）参照

決算期末である×1年3月の現金の帳簿残高は25千円であったが，実査した結果，実際有高は23千円であることが判明した。その後原因を調査したが，決算終了までその原因は判明しなかった。

(借)	現金過不足	2	(貸)	現預金	2
(借)	雑損失	2	(貸)	現金過不足	2

② 債権の決算整理（(☞P.154)）参照

売上債権残高に対して，1％の引当金を設定することになった。

(借)	貸倒引当金繰入額	11	(貸)	貸倒引当金	11

＊（365＋735）×１％＝11

③　商品の決算整理（☞P. **147**）参照

期末棚卸資産の残高は，197千円である。なお，当社は，売上原価を仕入勘定で算定することにしている。

（借）	仕　　　入	125	（貸）	繰越商品	125
（借）	繰越商品	197	（貸）	仕　　　入	197

④　固定資産の決算整理（☞P. **151**）参照

各固定資産について，以下のように減価償却を行う。なお，減価償却費の処理は，直接法による。

固定資産	減価償却費
備　　品	115
車　　両	170

（借）	備品減価償却費	115	（貸）	備　　　品	115
（借）	車両減価償却費	170	（貸）	車　　　両	170

⑤　繰延資産の決算整理（☞P. **67**）参照

開業費について52千円の償却費を計上する。

（借）	開業費償却費	52	（貸）	開　業　費	52

⑥　費用に係る決算整理（☞P. **106**）参照

決算日現在，借入金に係る利息10千円が前払いされている。

(借) 前払費用	10	(貸) 支払利息	10

決算整理記入は，すべて第一章から第四章までで取り上げた仕訳です。その内容については，各仕訳のページを参照してください。

ハッピーウェディングにて

鈴木：社長，なんと！！開業初年度から240千円も利益がでましたよ！！！

吉田：ほんと？！凄い凄い！！！

おじ：君たち2人がこの1年間よくがんばった成果だよ。

吉田，鈴木：おじさん・・・・（グスン）。

おじ：泣くんじゃない！今年もがんばって，初年度以上の利益を稼がなきゃ！さあ，仕事，仕事！

吉田，鈴木：「はい！！」×2

索　引

あ行

か行

さ行

た行

な行

は行

ま行

や行

ら行

わ行

<著者紹介>
瀬戸裕司（せと　ゆうじ）

昭和36年横浜生まれ。早稲田大学法学部卒業後，マニュアクチュラース銀行（現JPモルガン・チェース銀行）にて銀行実務に従事。平成元年公認会計士第2次試験合格後，太田昭和監査法人にて監査業務に従事。平成5年公認会計士第3次試験合格後，瀬戸公認会計士事務所設立（所長），㈱マネジメント・ソリューション代表取締役就任。平成7年，税理士登録。㈱マネジメント・ソリューション運営のMSビジネススクール学院長・講師。
会計，税務，監査，公開業務等のクライアント指導の他，簿記，原価計算の専門学校，大学（駒澤大学経理研究所），日経ビジネススクール，日本総研ビジコン㈱，さくら総合研究所㈱，社団法人企業研究会等，実務セミナー講師としても活躍中。特に，業務革新のコンサルティング，起業家育成事業等に関して専門知識を有している。

著者との契約により検印省略

平成11年6月25日　初版発行
平成21年7月1日　改訂版発行

やさしく学べる
簿記・経理
〔改訂版〕

著者	瀬戸裕司
発行者	大坪嘉春
製版所	松澤印刷株式会社
印刷所	株式会社平河工業社
製本所	株式会社三森製本所

● 装丁　前川　真一（パイルアップ）

発行所　東京都新宿区下落合2丁目5番13号　株式会社 税務経理協会
郵便番号 161-0033
振替　00190-2-187408　電話（03）3953-3301（編集代表）
FAX（03）3565-3391　（03）3953-3325（営業代表）
URL http://www.zeikei.co.jp
乱丁・落丁の場合はお取替えいたします。

ISBN978-4-419-05340-6　C2063

「やさしく学べる」シリーズ　好評発売中！

やさしく学べる　簿記・経理〔改訂版〕

瀬戸　裕司　著

四六判・184頁　定価1,680円（税込）
ISBN978-4-419-05340-6

基礎編では，基本的な考え方と処理方法を解説。実践編では，会社設立から決算をむかえるまでをストーリー形式で具体的な事例をあげて処理方法や考え方を示している。

やさしく学べる　連結会計〔改訂版〕

瀬戸　裕司・浅川　昭久　共著

四六判・200頁　定価1,680円（税込）
ISBN978-4-419-05053-5

「見やすい，わかりやすい，読みやすい」をテーマとした解説で，連結会計が理解できるようになる。実務，資格試験勉強の効率も大幅アップ！

やさしく学べる　原価計算

瀬戸　裕司・浅川　昭久　共著

四六判・176頁　定価1,680円（税込）
ISBN4-419-03916-7

「原価計算」の知識のない方にもわかりやすいように，Q&A形式により，「原価計算」でポイントとなる部分を平易に解説した一冊。

やさしく学べる　経営分析

瀬戸　裕司・浅川　昭久　共著

四六判・208頁　定価1,680円（税込）
ISBN4-419-03752-0

「経営分析」の知識のない方にもわかりやすいように，平易な文章で分析の指標等を説明し，その後に事例分析を使ってより実践的な指標理解ができるようにした一冊。